だいたいで楽しむ
ドイツ語入門

使える文法

辻 朋季 著

SANSHUSHA

はじめに

　本書は、ドイツ語を初めて学ぶ人のための文法の入門書です。執筆にあたっては、完璧でなくてもいいから文法が「だいたい」わかること、そして「楽しい」と感じながら継続して学べることを重視しました。挫折することなく初級文法を最後まで一通り学んでほしいので、細部にはあまりこだわらず、また難解な文法用語を避けて、大事なことだけを簡潔に説明するよう心がけました。

　まず、各課の「ここだけ」では、最重要の文法項目を扱います。その下の問題は、「ここだけ」の内容がわかれば解けますから、ここで基本を押さえましょう。次の「もっと」では、次に大事なことがらを学びます。「まとめ」でこれらの内容を復習し、さらに練習問題を通して定着を図ります。本文で扱いきれなかった内容は「＋α」で紹介していますから、深く学びたい人はご覧ください。

　解説や練習問題で取り上げた文の多くは、ドイツ人との会話や旅行ですぐに使える実用的なものです。また、付属のCDを活用して、ドイツ語の響きに触れるだけでなく、発音や会話の練習もできるようになっています。

　この本を手にしている時点で、あなたはすでに多少なりともドイツ語と関わりたいと考えているはずです。「ドイツを旅したい」「サッカーが好き」「少しかじってみたい」「英語が苦手なので別の言語で挽回したい」……など、理由は様々だと思います。そんなあなたの希望を学習の原動力にするため、「夢をかなえるマイ計画表」を用意しました。目標を書き込んで、時には自分に「ごほうび」をあげながら、夢の実現に向けて頑張りましょう。また、学習を登山に見立てた「散策マップ」を使えば、現在の位置を確認でき、ペース配分もできます。忙しい時は、せめて学んだことを忘れないよう、各課の「まとめ」を集めた巻末の「おさぼりカード」で復習してください。

　ドイツ語にSchritt für Schritt（シュリット フューア シュリット）（一歩一歩、少しずつ）という言葉があります。どうか焦らず、できる範囲で、楽しくドイツ語と向き合っていってください。本書がその一助になれば幸いです。

　　　　　　　　　　　　　　　　　　　　　　　　　　　辻　朋季

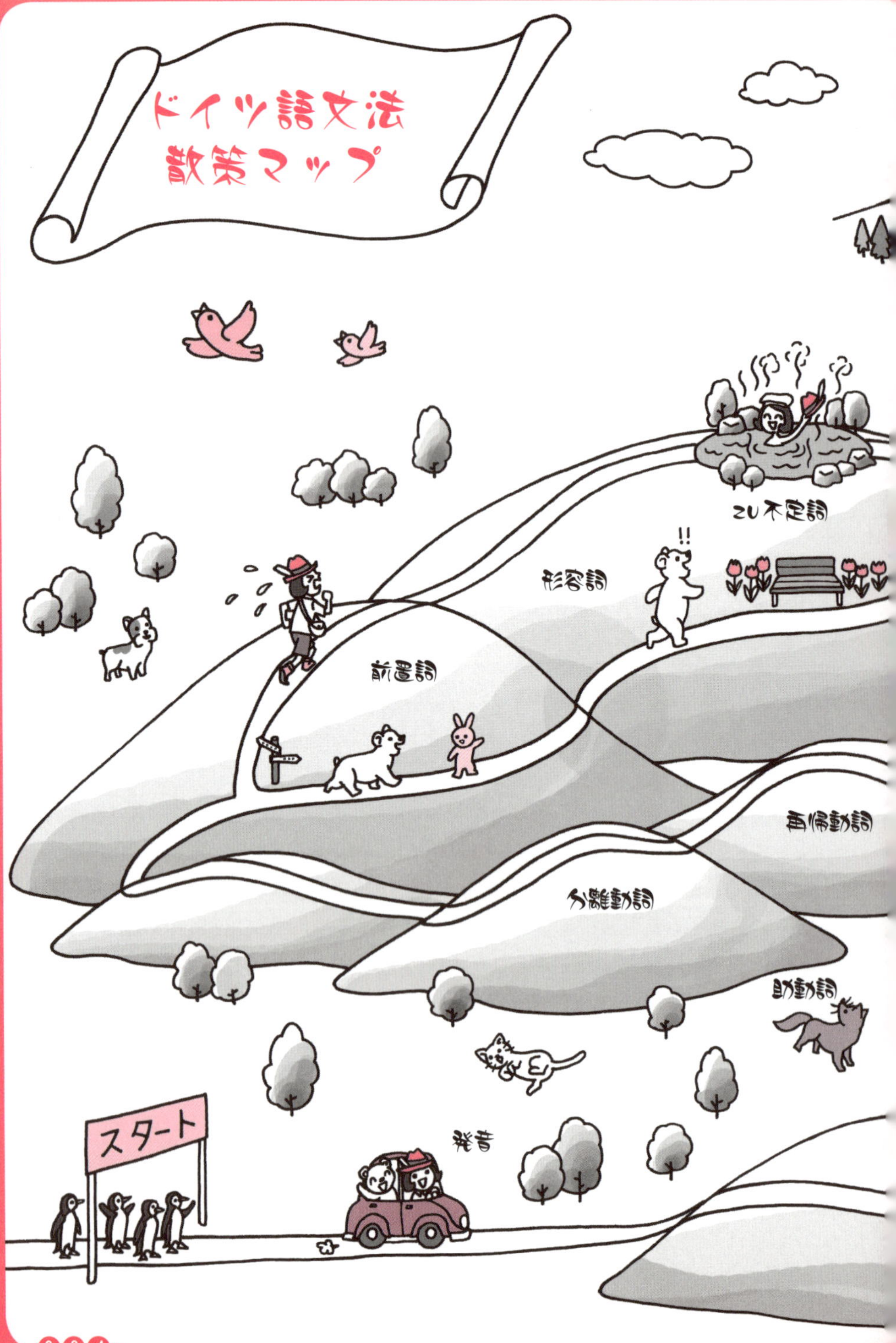
ドイツ語文法
散策マップ
zu不定詞
形容詞
前置詞
再帰動詞
分離動詞
助動詞
発音
スタート

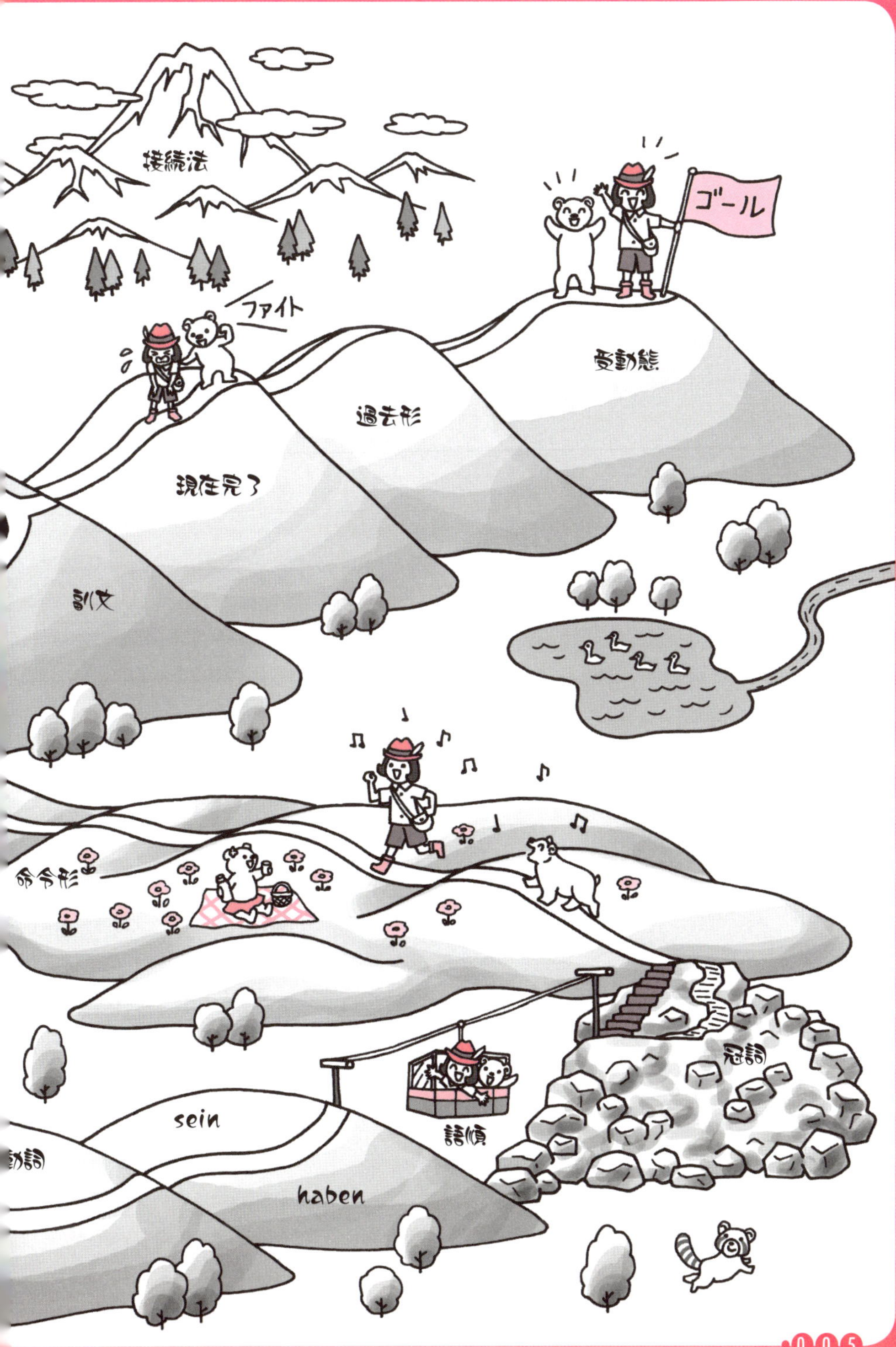
接続法
ゴール
ファイト
受動態
過去形
現在完了
副文
命令形
冠詞
sein
語順
haben

本書の使い方

本書は、ひと通り最後までできるように配慮しました。
① 「これだけ」の内容で、下の問題が解けるようになっています。
② 「もっと」の内容で、次のページの問題が解けるようになっています。
③ 余力のある方は「+α」も読んでみてください。
④ 5課ごとに「まとめのドリル」があります。力試しにお使いください。
⑤ 「まとめ」は、持ち歩けるように、巻末にカードとしてまとめました。
　本書付属CDは、🔊マークのついた個所のドイツ語を収録しています。
(1課(発音)の単語、2課〜30課はキーフレーズと「これだけ」「問題の答え」「もっと1」「もっと2」、一部の「+α」、まとめのドリル)

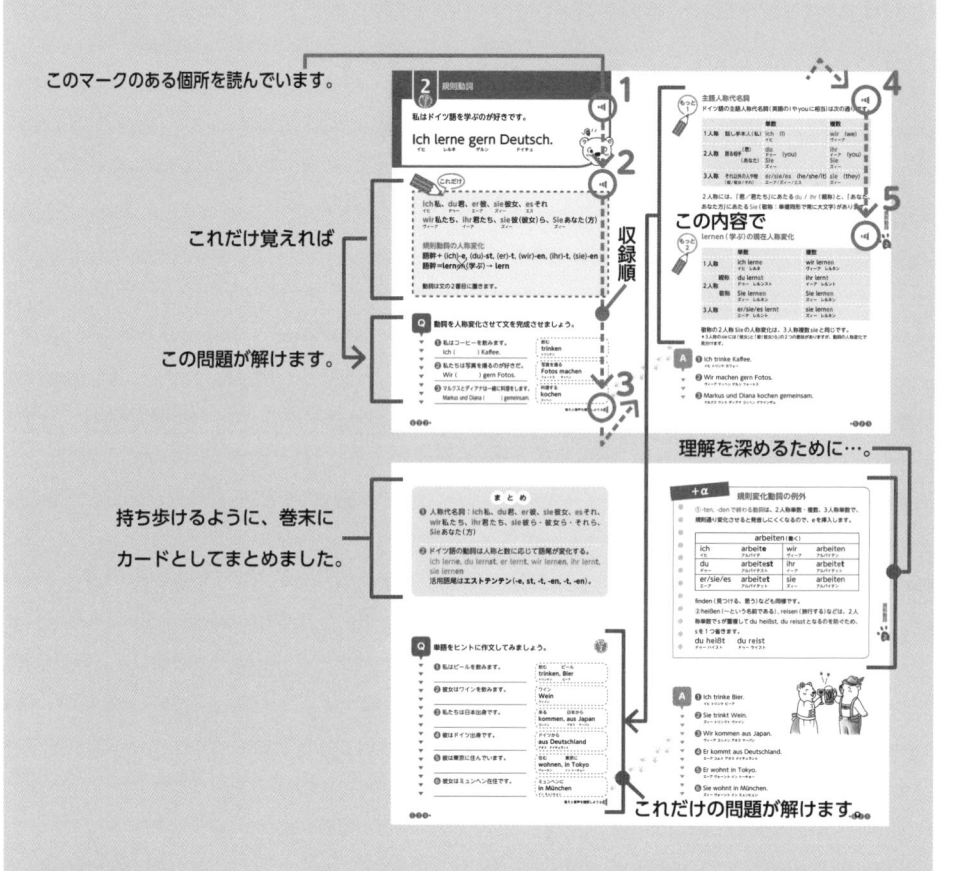

このマークのある個所を読んでいます。

これだけ覚えれば

この問題が解けます。

収録順

この内容で

理解を深めるために…。

持ち歩けるように、巻末にカードとしてまとめました。

これだけの問題が解けます。

もくじ

ドイツ語文法散策マップ ……………………………………………………… 4
本書の使い方 …………………………………………………………………… 6
夢をかなえる マイ計画表 ……………………………………………………… 12

STEP1

1 綴りと発音 …………………………………………………………… 16
　私の名前は佐藤です、S-A-T-O です。
　Mein Name ist Sato, S-a-t-o.

2 規則動詞 ……………………………………………………………… 22
　私はドイツ語を学ぶのが好きです。
　Ich lerne gern Deutsch.

3 sein, haben ………………………………………………………… 26
　クラウスはとても勤勉です。
　Klaus ist sehr fleißig.

4 文の構造、疑問文・否定文 ……………………………………… 30
　ビールを私は今日飲みます。
　Bier trinke ich heute.

5 疑問文への答え方、疑問詞 ……………………………………… 34
　いいえ、私はのどはかわいていません。
　Nein, ich bin nicht durstig.

　　まとめのドリル 1 ……………………………………………………… 38
　　コラム① 日本語の中のドイツ語 ……………………………………… 40

STEP2

6 名詞の性と数 ……………………………………………… 42
こちらがモーツァルトハウスです。
Hier ist das Mozarthaus.

7 定冠詞 ……………………………………………………… 46
観光客はその庭園を訪れます。
Die Touristen besuchen den Garten.

8 不定冠詞 …………………………………………………… 50
ソーセージを1つとビールを1つください。
Ich möchte eine Wurst und ein Bier.

9 定冠詞類（dieser, welcher）・所有冠詞、否定冠詞 ……… 54
彼女は私のおばです。私は彼女の甥です。
Sie ist meine Tante. Ich bin ihr Neffe.

10 人称代名詞 ………………………………………………… 58
私は彼をよく知っています。
Ich kenne ihn gut.

まとめのドリル 2 ……………………………………………… 62
コラム② 実はおいしい？ ドイツ料理 ……………………… 64

STEP3

11 3格・4格をとる表現 ……………………………………… 66
ご機嫌いかがですか？
Wie geht es Ihnen?

12 不規則動詞 ･･ 70
明日どこへ行くの？
Wohin fährst du morgen?

13 話法の助動詞① können ･････････････････････････････ 74
手伝ってくれない？
Kannst du mir helfen?

14 話法の助動詞② müssen, dürfen, wollen ･････････････ 78
そろそろおいとましないといけません。
Ich muss langsam gehen.

15 分離動詞と非分離動詞 ････････････････････････････････････ 82
その列車はもうすぐ発車します。
Der Zug fährt bald ab.

まとめのドリル 3 ･･ 86
コラム③　改札口はなくても切符は買おう ････････････････････ 88

STEP4

16 前置詞①　場所を表す前置詞 ･････････････････････････････ 90
私たちはベルリンへ行きます。
Wir fahren nach Berlin.

17 前置詞②　時を表す前置詞 ････････････････････････････････ 94
日曜日には10時に起きます。
Am Sonntag stehe ich um 10 Uhr auf.

18 再帰動詞と再帰代名詞 ････････････････････････････････････ 98
彼はとても怒っています。
Er ärgert sich sehr.

19 命令形と勧誘の表現 ·· 102
どうかゆっくり話してください。
Sprechen Sie bitte langsam!

20 形容詞 ·· 106
よいご旅行を願っています。
Ich wünsche Ihnen eine gute Reise.

まとめのドリル 4 ·· 110
コラム④　目を見て挨拶：これだけで対応がガラッと変わります …112

STEP5

21 比較級と最上級 ·· 114
富士山はツークシュピッツェよりも高い。
Der Berg Fuji ist höher als die Zugspitze.

22 数字・時刻の表現 ·· 118
コンサートは 8 時に始まります。
Das Konzert beginnt um acht.

23 副文 ··· 122
彼女がパーティーに来るかどうか、私は知らない。
Ich weiß nicht, ob sie zur Party kommt.

24 zu 不定詞 ·· 126
外国語を勉強することは楽しいです。
Fremdsprachen zu lernen macht Spaß.

25 es の用法 ·· 130
日本では6月に雨がたくさん降ります。
In Japan regnet es viel im Juni.

まとめのドリル 5 ……………………………………………………… 134
コラム⑤　ドイツ人は意外と時間にルーズ？ ……………………… 136

STEP6

26 haben を伴う現在完了 ……………………………………… 138
私たちはたくさんのお土産を買いました。
Wir haben viele Souvenirs gekauft.

27 sein を伴う現在完了 ………………………………………… 142
なぜ君は遅刻したんだい？
Warum bist du zu spät gekommen?

28 過去形 …………………………………………………………… 146
バーゼルにいらしたことはありますか？
Waren Sie schon in Basel?

29 受動態 …………………………………………………………… 150
ここに新しい高層ビルが建てられます。
Hier wird ein neues Hochhaus gebaut.

30 関係代名詞 ……………………………………………………… 154
クラウスの隣に座っているその男性は誰ですか？
Wer ist der Mann, der neben Klaus sitzt?

まとめのドリル 6 ……………………………………………………… 158
コラム⑥　日独交流 150 年？ ………………………………………… 160

基本単語 ……………………………………………………………………… 162
重要動詞活用表 …………………………………………………………… 169
おさぼりカード …………………………………………………………… 173

夢をかなえる マイ計画表

空欄に目標を書き込んで、自分だけの計画表を作ろう。

ドイツ人の友だちをつくる

STEP5 → 21
22
23

STEP4 → 16
17
18
19
20

15
14
13
12

がんばるぞ！

スタート
STEP1 → 1
2
3
4
5

私は、　　　　　　　　　する！

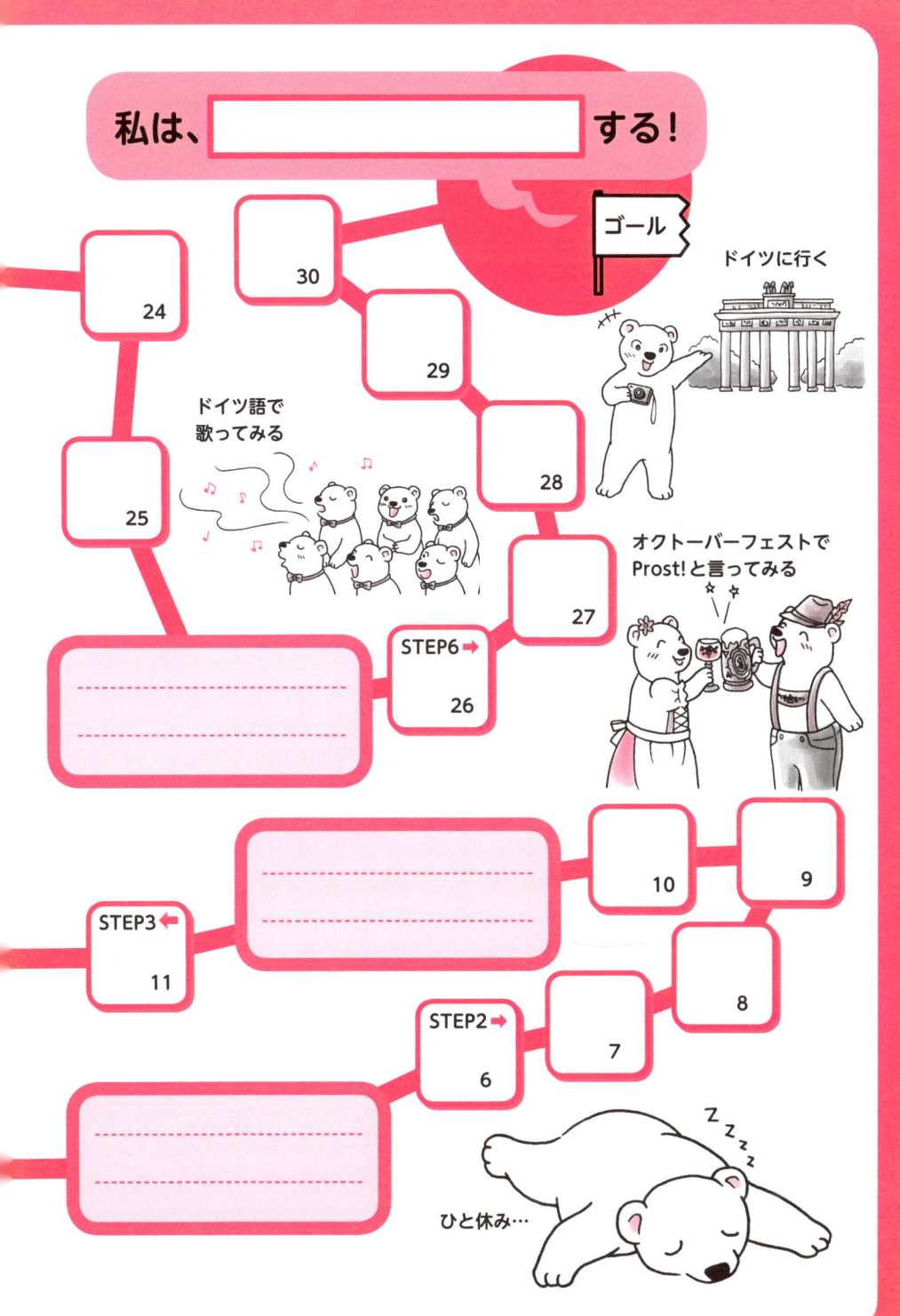

ゴール

ドイツに行く

24

30

29

ドイツ語で
歌ってみる

28

25

オクトーバーフェストで
Prost!と言ってみる

27

STEP6 →

26

10　9

STEP3 ←

8

11

STEP2 →

7

6

ひと休み…

STEP 1

1 綴りと発音

CD 01

私の名前は佐藤です、S - A - T - O です。

Mein Name ist Sato, S-a-t-o.
マイン　　ナーメ　　イスト　　サトウ　　エス アーテー オー

これだけ

ドイツ語のアルファベットには、英語と同じ26文字のほか、ウムラウトと呼ばれる変母音が3つと、エスツェット（小文字のみ）があるのが特徴です。英語に慣れ親しんでいる人は、特に母音の発音に気をつけてください。

A a	B b	C c	D d	E e	F f	G g	H h
アー	ベー	ツェー	デー	エー	エフ	ゲー	ハー
I i	J j	K k	L l	M m	N n	O o	P p
イー	ヨット	カー	エル	エム	エヌ	オー	ペー
Q q	R r	S s	T t	U u	V v	W w	
クー	エル	エス	テー	ウー	ファオ	ヴェー	
X x	Y y	Z z	Ä ä	Ö ö	Ü ü	ß	
イクス	ユプスィロン	ツェット	エー	オー	ユー	エスツェット	

Q 例にならって、空欄に自分の名前を入れて一字ずつ発音しましょう。

Mein Name ist _____ , _ - _ - _ - _ - _ .

答えと音声を確認しよう

母音

もっと1

Nameを「ナーメ」と読むように、**ドイツ語では基本的にアルファベットを「ローマ字読み」**します。ただし、meinは「メイン」ではなく「マイン」と読むように、**eiは「アイ」と読む**など、一定の法則があります。

ei [ai]　　Arbeit（仕事）, klein（小さい）, Eis（氷）
　　　　　　 アルバイト　　　クライン　　　 アイス

eu, äu [ɔY] Euro（ユーロ）, neu（新しい）, träumen（夢を見る）
　　　　　　 オイロ　　　　ノイ　　　　　 トロイメン

au [aʊ]　　Auto（車）, Baum（木）, Raum（部屋）
　　　　　　 アオト　　　 バオム　　　 ラオム

ie [i:]　　Biene（蜂）, Liebe（愛）, Energie（エネルギー）
　　　　　　 ビーネ　　　 リーベ　　　 エネルギー

aa [a:], **ee** [e:], **oo** [o:]
　　　　　　 Paar（組）, Schnee（雪）, Zoo（動物園）
　　　　　　 パール　　　シュネー　　　 ツォー

ウムラウト

もっと2

ä [ɛ:]　口を開けてA（アー）の口で「エ」と発音。日本語の気だるい「え〜」に近い。
ähnlich（似ている）, Märchen（メルヘン）
エーンリヒ　　　　　　メーアヒェン

ö [ø:]　口内を広げて前に突出し、O（オー）の口をして「エ」と発音。
Löffel（スプーン）, ökologisch（環境に優しい）
レッフェル　　　　　　エコローギッシュ

ü [yu:] 口をすぼめて前に突出し、U（ウ）の口で「イ」と発音。
üben（練習する）, Rücken（背中）
ユーベン　　　　　　 リュッケン

A

<例>私の名前はスズキです。
Mein Name ist Suzuki, S-u-z-u-k-i.
マイン ナーメ イスト スズキ エス ウー ツェット ウー カー イー

子音

r[r]: のどを鳴らす（主に北ドイツ）か、舌を巻く（南ドイツ、オーストリア）
rot（赤い）, frei（自由な）
ロート　　　フライ

v[f]: Vater（父親）, Passiv（受動態）
ファーター　　パッスィフ

一部の外来語は[v]　Klavier（ピアノ）, Villa（邸宅）
クラヴィーア　　　ヴィラ

w[v]: Wein（ワイン）, Wilhelm（ヴィルヘルム）
ヴァイン　　　ヴィルヘルム

z[ts]: Zeit（時間）, Zimt（シナモン）
ツァイト　　　ツィムト

s[z]　（母音の前で濁る）:Salzburg（ザルツブルク）, sehr（とても）
ザルツブルク　　　　ゼーア

ß[s]　（濁らない。直前の母音を長く発音）:süß（甘い）, groß（大きい）
ズース　　　グロース

ss[s]　（濁らない。直前の母音を短く発音）:Schluss（終わり）, Fluss（川）
シュルス　　　フルス

g　（音節の終わりがgのとき[k]）: Zug（電車）, Weg（道）
ツーク　　　ヴェーク

（音節の終わりがigのとき[ç]）: Honig（ハチミツ）, vierzig（40）
ホーニヒ　　　フィアツィヒ

（それ以外は[g]）: gut（よい）, Geld（金）
グート　　ゲルト

j[j]： Jacke（ジャケット）, Japan（日本）
ヤッケ　　　ヤーパン

ck[k]: Lübeck（リューベック）, Rucksack（リュックサック）
リューベック　　　ルックザック

ch(a, oと子音の前で[k]):Chor（コーラス）, Chronik（歴史書）
コーア　　　クローニック

（a, u, oの後で[x]）: Dach（屋根）, Buch（本）, Koch（調理師）
ダハ　　　ブーフ　　コホ

（i, eの後で[ç]）: echt（本当の）, Zürich（チューリヒ）
エヒト　　　ツューリヒ

018

chs[ks]: Sachsen(ザクセン), wachsen(育つ)
　　　　　ザクセン　　　　　ヴァクセン

sch[ʃ]: schreiben(書く), Kirsche(サクランボ)
　　　　　シュライベン　　　キルシェ

tsch[tʃ]: Deutsch(ドイツ語), Tschechien(チェコ)
　　　　　　ドイチュ　　　　チェッヒェン

b(語の終わりで[p])：Kalb(子牛), halb(半分の)
　　　　　　　　　　　カルプ　　　ハルプ

　(それ以外は[b])：sieben(7), Bein(脚)
　　　　　　　　　ズィーベン　バイン

d(語の終わりで[t])：und(そして), Land(国)
　　　　　　　　　　　ウント　　　ラント

　(それ以外は[d])：du(君), Tradition(伝統)
　　　　　　　　　ドゥー　　トラディツィオーン

sp(語頭で[ʃp])：Sprache(言語), Spende(募金)
　　　　　　　　　シュプラーヘ　　シュペンデ

st(語頭で[ʃt])：Stein(石), stolz(誇らしげな)
　　　　　　　　　シュタイン　シュトルツ

　(それ以外は[st])： Obst(果物), erstens(まずはじめに)
　　　　　　　　　　オープスト　エーアステンス

pf[pf]：Apfel(りんご), Kopf(頭)
　　　　　アップフェル　コプフ

dt[t]：Stadt(都市), verwandt(親戚関係にある)
　　　　シュタット　　フェアヴァント

er-(語頭で「エァ」)：er(彼), erst(第一の)
　　　　　　　　　　　エーア　エーアスト

-or, -er: 音節の終わりでそれぞれ「オア」「アー」
＊Männerchor(男声合唱)は「メンネルコール」ではなく「メンナーコーア」

ま と め

❶ アルファベットは基本的にローマ字読み。

❷ 母音の組み合わせ(ei, eu, au, ie)に注意。

Q 次の単語を読み上げてみよう。

❶ USA（アメリカ合衆国）
❷ VW（フォルクスワーゲン）
❸ Euro（ユーロ）
❹ Schuhmacher（靴職人）
❺ Bach（小川）
❻ Weltreise（世界旅行）
❼ eine kleine Nachtmusik（アイネ・クライネ・ナハトムジーク）

答えと音声を確認しよう

数字を言ってみよう

0 null ヌル　　1 eins アインス　　2 zwei ツヴァイ　　3 drei ドライ　　4 vier フィーア　　5 fünf フュンフ

6 sechs ゼクス　　7 sieben ズィーベン　　8 acht アハト　　9 neun ノイン　　10 zehn ツェーン

11 elf エルフ　　12 zwölf ツヴェルフ　　13 drei**zehn** ドライツェーン　　14 vier**zehn** フィアツェーン　　15 fünf**zehn** フュンフツェーン

16 sech**zehn** ゼヒツェーン　　17 sieb**zehn** ズィープツェーン　　18 acht**zehn** アハツェーン　　19 neun**zehn** ノインツェーン

20 zwan**zig** ツヴァンツィヒ　　21 ein**und**zwanzig アインウントツヴァンツィヒ　　22 zwei**und**zwanzig ツヴァイウントツヴァンツィヒ

30 dreißig ドライスィヒ　　40 vier**zig** フィアツィヒ　　50 fünf**zig** フュンフツィヒ　　60 sech**zig** ゼヒツィヒ　　70 sieb**zig** ズィープツィヒ

80 acht**zig** アハツィヒ　　90 neun**zig** ノインツィヒ　　100 einhundert アインフンダート

A

❶ ウーエスアー
❷ ファオヴェー
❸ オイロ
❹ シューマハー
❺ バッハ
❻ ヴェルトライゼ
❼ アイネ　クライネ　ナハトムズィーク

2 規則動詞

私はドイツ語を学ぶのが好きです。

Ich lerne gern Deutsch.
イヒ　　レルネ　　　ゲルン　　　　ドイチュ

これだけ

ich 私、**du** 君、**er** 彼、**sie** 彼女、**es** それ
イヒ　　　ドゥー　　エーア　　ズィー　　　エス

wir 私たち、**ihr** 君たち、**sie** 彼(彼女)ら、**Sie** あなた(方)
ヴィーア　　　イーア　　　　　ズィー　　　　　　　ズィー

規則動詞の人称変化
語幹 + (ich)-**e**, (du)-**st**, (er)-**t**, (wir)-**en**, (ihr)-**t**, (sie)-**en**
語幹 = lern~~en~~ (学ぶ) → **lern**

動詞は文の2番目に置きます。

Q 動詞を人称変化させて文を完成させましょう。

❶ 私はコーヒーを飲みます。
　Ich (　　　) Kaffee.

飲む
trinken
トリンケン

❷ 私たちは写真を撮るのが好きだ。
　Wir (　　　) gern Fotos.

写真を撮る
Fotos machen
フォートス　マッヘン

❸ マルクスとディアナは一緒に料理をします。
　Markus und Diana (　　　) gemeinsam.

料理する
kochen
コッヘン

答えと音声を確認しよう

022

主語人称代名詞

ドイツ語の主語人称代名詞（英語のIやyouに相当）は次の通りです。

		単数	複数
1人称	話し手本人（私）	**ich** (I) イヒ	**wir** (we) ヴィーア
2人称	語る相手（君） （あなた）	**du** (you) ドゥー **Sie** ズィー	**ihr** (you) イーア **Sie** ズィー
3人称	それ以外の人や物 （彼／彼女／それ）	**er/sie/es** (he/she/it) エーア／ズィー／エス	**sie** (they) ズィー

2人称には、「君／君たち」にあたる du / ihr（親称）と、「あなた、あなた方」にあたる Sie（敬称：単複同形で常に大文字）があります。

規則動詞 2

lernen (学ぶ) の現在人称変化

		単数	複数
1人称		ich lern**e** イヒ　レルネ	wir lern**en** ヴィーア　レルネン
2人称	親称	du lern**st** ドゥー　レルンスト	ihr lern**t** イーア　レルント
	敬称	Sie lern**en** ズィー　レルネン	Sie lern**en** ズィー　レルネン
3人称		er/sie/es lern**t** エーア　レルント	sie lern**en** ズィー　レルネン

敬称の2人称 **Sie** の人称変化は、3人称複数 **sie** と同じです。

＊3人称のsieには「彼女」と「彼(彼女)ら」の2つの意味がありますが、動詞の人称変化で見分けます。

A

❶ Ich trinke Kaffee.
イヒ　トリンケ　カフェー

❷ Wir machen gern Fotos.
ヴィーア　マッヘン　ゲルン　フォートス

❸ Markus und Diana kochen gemeinsam.
マルクス　ウント　ディアナ　コッヘン　ゲマインザム

まとめ

❶ 人称代名詞：**ich**私、**du**君、**er**彼、**sie**彼女、**es**それ、**wir**私たち、**ihr**君たち、**sie**彼ら・彼女ら・それら、**Sie**あなた（方）

❷ ドイツ語の動詞は人称と数に応じて語尾が変化する。
ich lern**e**, du lern**st**, er lern**t**, wir lern**en**, ihr lern**t**, sie lern**en**
活用語尾は**エストテンテン**(-e, st, -t, -en, -t, -en)。

Q 単語をヒントに作文してみましょう。

❶ 私はビールを飲みます。
飲む　　ビール
trinken, Bier
トリンケン　ビーア

❷ 彼女はワインを飲みます。
ワイン
Wein
ヴァイン

❸ 私たちは日本出身です。
来る　　　日本から
kommen, aus Japan
コンメン　アオス　ヤーパン

❹ 彼はドイツ出身です。
ドイツから
aus Deutschland
アオス　ドイチュラント

❺ 彼は東京に住んでいます。
住む　　　東京に
wohnen, in Tokyo
ヴォーネン　イン　トーキョー

❻ 彼女はミュンヘン在住です。
ミュンヘンに
in München
イン　ミュンヒェン

答えと音声を確認しよう

+α 規則変化動詞の例外

① **-ten, -den で終わる動詞**は、2人称単数・複数、3人称単数で、規則通り変化させると発音しにくくなるので、eを挿入します。

arbeiten（働く）				
ich イヒ	arbeit**e** アルバイテ	wir ヴィーア	arbeiten アルバイテン
du ドゥー	arbeit**est** アルバイテスト	ihr イーア	arbeit**et** アルバイテット
er/sie/es エーア	arbeit**et** アルバイテット	sie ズィー	arbeiten アルバイテン

finden（見つける、思う）なども同様です。

② heißen（〜という名前である）, reisen（旅行する）などは、2人称単数でsが重複してdu heißst, du reisstとなるのを防ぐため、sを1つ省きます。

du heißt　　**du reist**
ドゥー ハイスト　　ドゥー ライスト

A

❶ Ich trinke Bier.
イヒ トリンケ ビーア

❷ Sie trinkt Wein.
ズィー トリンクト ヴァイン

❸ Wir kommen aus Japan.
ヴィーア コンメン アオス ヤーパン

❹ Er kommt aus Deutschland.
エーア コムト アオス ドイチュラント

❺ Er wohnt in Tokyo.
エーア ヴォーント イン トーキョー

❻ Sie wohnt in München.
ズィー ヴォーント イン ミュンヒェン

3 sein, haben

クラウスはとても勤勉です。

Klaus ist sehr fleißig.
クラオス　イスト　ゼーア　フライスィヒ

これだけ

① sein（ある）の変化

ich bin, du bist, er ist
イヒ　ビン　ドゥー　ビスト　エーア　イスト

wir sind, ihr seid, sie sind
ヴィーア　ズィント　イーア　ザイト　ズィー　ズィント

② haben（持っている）の変化

ich habe, du hast, er hat
イヒ　ハーベ　ドゥー　ハスト　エーア　ハット

wir haben, ihr habt, sie haben
ヴィーア　ハーベン　イーア　ハープト　ズィー　ハーベン

Q 単語をヒントに作文してみましょう。

❶ 私は（女性の）日本人です。

〜である　日本人女性
sein,　Japanerin
ザイン　ヤパーネリン

❷ 君の言うことは正しいよ。

正しい
Recht haben
レヒト　ハーベン

❸ 彼らは疲れています。

〜である　疲れている
sein,　müde
ザイン　ミューデ

答えと音声を確認しよう

026

sein（ある）の現在人称変化

	単数		複数	
1人称	ich イヒ	bin ビン	wir ヴィーア	sind ズィント
2人称	du ドゥー	bist ビスト	ihr イーア	seid ザイト
	(Sie ズィー	sind ズィント	Sie ズィー	sind) ズィント
3人称	er/sie/es エーア/ズィー/エス	ist イスト	sie ズィー	sind ズィント

Klaus ist Lehrer.（クラウスは先生です）
クラオス イスト レーラー

haben（持っている）の現在人称変化

	単数		複数	
1人称	ich イヒ	habe ハーベ	wir ヴィーア	haben ハーベン
2人称	du ドゥー	hast ハスト	ihr イーア	habt ハープト
	(Sie ズィー	haben ハーベン	Sie ズィー	haben)* ハーベン
3人称	er/sie/es エーア/ズィー/エス	hat ハット	sie ズィー	haben ハーベン

＊2人称敬称のSieの現在人称変化は、3人称複数のsieと同じ形なので以降省略。

Er hat Hunger.（彼はお腹がすいている）
エーア ハット フンガー

A

❶ Ich bin Japanerin.
イヒ ビン ヤパーネリン

❷ Du hast Recht.
ドゥー ハスト レヒト

❸ Sie sind müde.
ズィー ズィント ミューデ

まとめ

❶ sein（〜である）
英語のbe動詞にあたる。不規則変化。形容詞を伴って状態や様子を、名詞を伴って職業などを表す。
ich bin, du bist, er/sie/es ist
wir sind, ihr seid, sie sind

---

❷ haben（持っている）
英語のhaveにあたる。2人称単数のdu、3人称単数で不規則変化。「空腹」や「のどのかわき」などもhabenで表す。
ich habe, du hast, er/sie/es hat
wir haben, ihr habt, sie haben

Q 単語をヒントに作文してみましょう。

❶ アレックスは大学生です。
アレックス 大学生
Alex, Student
アレックス シュトゥデント

❷ ラウラには子どもが2人います。
ラウラ 子ども2人
Laura, zwei Kinder
ラオラ ツヴァイ キンダー

❸ ハンブルクは美しいです。
ハンブルク 美しい
Hamburg, schön
ハンブルク シェーン

❹ 君たちはまだ若い。
まだ若い
noch jung
ノホ ユング

❺ 私はお腹が空いている。
空腹
Hunger
フンガー

答えと音声を確認しよう

+α haben を使った慣用的表現

「空腹」や「のどのかわき」のほか、「正しい」「ラッキーである」などもhabenを使って表します。

Hunger haben（空腹だ）
フンガー　ハーベン

Durst haben（のどがかわいている）
ドゥルスト　ハーベン

Recht haben（正しい）
レヒト　ハーベン

Glück haben（幸運だ）
グリュック　ハーベン

＊目的語を伴う句をHunger habenのように表しますが、文を作るとき動詞はIch habe Hunger. のように2番目に置きます。

A

① Alex ist Student.
アレックス イスト シュトゥデント

② Laura hat zwei Kinder.
ラオラ ハット ツヴァイ キンダー

③ Hamburg ist schön.
ハンブルク イスト シェーン

④ Ihr seid noch jung.
イーア ザイト ノホ ユング

⑤ Ich habe Hunger.
イヒ ハーベ フンガー

4 文の構造、疑問文・否定文

ビールを私は今日飲みます。

Bier trinke ich heute.
ビーア　トリンケ　イヒ　ホイテ

これだけ

動詞は文の2番目に置かれます（人称変化も忘れずに）。
動詞さえ2番目にあれば語順は比較的自由です。

疑問文：**動詞＋主語～？**
否定文：**否定したい語句の前にnichtを入れる。**

Q 単語をヒントに作文してみましょう。

❶ あそこで私は働いているんです。

あそこで 働く
dort, arbeiten
ドルト　　アルバイテン

❷ お金を彼は十分に持っている。

お金　十分に　持つ
Geld, genug, haben
ゲルト　ゲヌーク　ハーベン

❸ 明日なら彼女は時間がある。

明日　　持つ　　時間
morgen, haben, Zeit
モルゲン　ハーベン　ツァイト

答えと音声を確認しよう

疑問文

「主語→動詞」を「**動詞→主語**」の順にすると疑問文ができます。目的語や副詞から始まる平叙文も、疑問文では「動詞→主語」の語順です。

Er kommt aus Deutschland.（彼はドイツ出身です）
Aus Deutschland **kommt er**.（ドイツから彼は来ました）
↓
Kommt er aus Deutschland?（彼はドイツ出身ですか？）
コムト　エーア　アオス　ドイチュラント

否定文

否定したい語句の前にnichtを入れると否定文ができます。

Er kommt aus Deutschland.（彼はドイツ出身です）
↓
Er kommt **nicht** aus Deutschland.
エーア　コムト　ニヒト　アオス　ドイチュラント
（彼はドイツ出身ではありません）

全文を否定する場合には文末にnichtを置きます（→5課・9課）。

A

❶ Dort arbeite ich.
　ドルト　アルバイテ　イヒ

❷ Geld hat er genug.
　ゲルト　ハット　エーア　ゲヌーク

❸ Morgen hat sie Zeit.
　モルゲン　ハット　ズィー　ツァイト

まとめ

❶ 平叙文では動詞は2番目。

❷ 動詞以外の語順は比較的自由。

❸ 疑問文：疑問文は「動詞→主語」の順で。

❹ 否定文：否定したい語句の前にnichtを置く。

Q ①〜③を疑問文に、④〜⑥を否定文にしてみましょう。

❶ Er ist Österreicher.（彼はオーストリア人です）

❷ Du trinkst Wein.（君はワインを飲みます）

❸ Petra und Sabine kommen aus Deutschland.
（ペトラとザビーネはドイツ出身です）

❹ Wir sind faul.（私たちは怠け者だ）

❺ Er trinkt viel.（彼はたくさん（お酒を）飲む）

❻ Sie arbeitet in Hannover.（彼女はハノーファーで働いている）

答えと音声を確認しよう

+α 語順

ドイツ語の語順は、動詞が2番目にあれば比較的自由です。

Ich trinke heute Bier.（私は今日ビールを飲みます）
イヒ　トリンケ　ホイテ　ビーア

→副詞から始める

Heute trinke ich Bier.（今日は私はビールを飲みます）
ホイテ　トリンケ　イヒ　ビーア

→目的語から始める

Bier trinke ich heute.（ビールを私は今日飲みます）
ビーア　トリンケ　イヒ　ホイテ

ただし、sehr oft（とても頻繁に）や aus Japan（日本から）のような意味のまとまりは、これで文の1番目の要素とします。

Sehr oft trinkt sie Rotwein.
ゼーア　オフト　トリンクト　ズィー　ロートヴァイン
（とても頻繁に彼女は赤ワインを飲む）

A

❶ Ist er Österreicher?
イスト エーア エースタライヒャー

❷ Trinkst du Wein?
トリンクスト ドゥー ヴァイン

❸ Kommen Petra und Sabine aus Deutschland?
コンメン ペトラ ウント ザビーネ アオス ドイチュラント

❹ Wir sind nicht faul.
ヴィーア ズィント ニヒト ファオル

❺ Er trinkt nicht viel.
エーア トリンクト ニヒト フィール

❻ Sie arbeitet nicht in Hannover.
ズィー アルバイテット ニヒト イン ハノーファー

5 疑問文への答え方、疑問詞

いいえ、私はのどはかわいていません。

Nein, ich bin nicht durstig.
ナイン　　イヒ　　ビン　　ニヒト　　ドゥルスティヒ

これだけ

疑問文に「はい」で答える場合は **ja**、「いいえ」で答える場合は **nein** を使います。
ヤー　　　　　　　　　　　　　　　　　　　　　　　　　　ナイン

・「いつ？」「何？」などをたずねる文
疑問詞 ＋ 動詞 ＋ 主語（＋目的語）？

主な疑問詞

wann「いつ？」　　　　**was**「何？」　　　　**wer**「誰が？」
ヴァン　　　　　　　　　　ヴァス　　　　　　　　ヴェーア

wie「どんなふうに？」　**wo**「どこで？」
ヴィー　　　　　　　　　　ヴォー

woher「どこから？」　　**wohin**「どこへ？」
ヴォヘーア　　　　　　　　ヴォヒン

Q 質問に否定文で答えてみましょう。

❶ Wohnt ihr in Berlin?（君たちはベルリンに住んでいるの？）

❷ Sind Sie Engländer / Engländerin?（あなたはイギリス人ですか？）

❸ Kommst du aus China?（君は中国出身？）

答えと音声を確認しよう

ja、nein と否定文

Bist du Studentin? （あなたは（女性の）大学生ですか？）
ビスト ドゥー シュトゥデンティン

- **Ja**, ich bin Studentin. （はい、私は大学生です）
  ヤー イヒ ビン シュトゥデンティン

- **Nein**, ich bin **nicht** Studentin. （いいえ、私は大学生ではありません）
  ナイン イヒ ビン ニヒト シュトゥデンティン

補足疑問文

「いつ？」「何を？」などをたずねる場合は、疑問詞を用います。

疑問詞 ＋ 動詞 ＋ 主語（＋目的語）？

・**「いつ？」**をたずねる疑問文
Wann trinkt Karl Bier? （カールはいつビールを飲むの？）
ヴァン トリンクト カール ビーア

・**「何？」**をたずねる疑問文
Was trinkt Karl heute? （カールは今日何を飲むの？）
ヴァス トリンクト カール ホイテ

A

❶ Nein, wir wohnen nicht in Berlin.
ナイン ヴィーア ヴォーネン ニヒト イン ベルリーン

❷ Nein, ich bin nicht Engländer（女性Engländerin）.
ナイン イヒ ビン ニヒト エングレンダー （エングレンデリン）

❸ Nein, ich komme nicht aus China.
ナイン イヒ コンメ ニヒト アオス ヒーナ

まとめ

❶ 決定疑問文には、**ja / nein** で答える。

❷ 補足疑問文
疑問詞 + 動詞 + 主語（+目的語）？
wann「いつ？」　　**was**「何？」　**wer**「誰が？」
wie「どんなふうに？」**wo**「どこで？」
woher「どこから？」　**wohin**「どこへ？」

Q 単語をヒントに作文してみましょう。

❶ 君の名前は何ですか？

どのように　～という名前である
wie, heißen
ヴィー　　ハイセン

❷ あなたは何をお飲みになりますか？

飲む　　好んで
trinken, gern
トリンケン　ゲルン

❸ 君たちはどこに住んでいるの？

住む
wohnen
ヴォーネン

❹ これは誰ですか？

である　これ
sein, das
ザイン　ダス

❺ あなたはご出身はどちらですか？

どこから　来る
woher, kommen
ヴォヘーア　コンメン

答えと音声を確認しよう

+α 否定疑問文「〜ではないのですか？」

答える際に、質問内容を打ち消す（いや、〜だ）ときは ja ではなく **doch** を使います。
ド ホ

Sind Sie **nicht** Student?（あなたは大学生ではないのですね？）
- **Doch**, ich bin Student.（いいえ、僕は大学生ですよ）
  ド ホ　イヒ　ビン　シュトゥデント
- **Nein**, ich bin **nicht** Student.（はい、僕は大学生じゃないです）
  ナイン　イヒ　ビン　ニヒト　シュトゥデント

A

❶ Wie heißt du?
ヴィー ハイスト ドゥー

❷ Was trinken Sie gern?
ヴァス トリンケン ズィー ゲルン

❸ Wo wohnt ihr?
ヴォー ヴォーント イーア

❹ Wer ist das?
ヴェーア イスト ダス

❺ Woher kommen Sie?
ヴォヘーア コンメン ズィー

まとめのドリル 1

1 下線部の発音が同じ単語を選びましょう。

① echt（本当の）
　①Bach（小川）　②dich（君を）　③Kuchen（ケーキ）　④Tochter（娘）

② Dank（感謝）
　①Bad（風呂）　②finden（見つける）　③gut（よい）　④Stadt（街）

③ sehr（とても）
　①besonders（特に）　②Eis（氷）　③Fuß（足）　④gestern（昨日）

④ Bäume（木々）
　①Auto（車）　②Brüder（兄弟たち）　③mein（私の〜）　④neun（9）

2 動詞を選んで人称変化させ、（　）に入れましょう。

[arbeiten, haben, kommen, lernen, sein, wohnen]

① 私は横浜に住んでいます。
　Ich（　　　　　）in Yokohama.

② あなたは日本語を学んでいるのですか？
　（　　　　　）Sie Japanisch?

③ ニコラは大学生です。
　Nicola（　　　　　）Studentin.

④ 君の出身はどこ？
　Woher（　　　　　）du?

⑤ 君たちはお腹が空いているの？
　（　　　　　）ihr Hunger?

⑥ 私たちは今日仕事をしません。
　Wir（　　　　　）heute nicht.

3 次の疑問文の答えとして正しくないものを選びましょう。

❶ Bist du nicht müde?（君は疲れていないの？）

①Ja, ich bin müde.

②Doch, ich bin müde.

③Nein, ich bin nicht müde.

❷ Wann kommt der Zug?（列車はいつ来ますか？）

①Ich komme aus Berlin.

②Der Zug ist voll.

③Der Zug kommt bald.

❸ Hast du Geschwister?（兄弟はいますか？）

①Ja, ich habe einen Bruder.

②Nein, ich habe keine Geschwister.

③Meine Schwester ist 20 Jahre alt.

こたえ

1 ❶② ❷② ❸① ❹④

2 ❶ Ich **wohne** in Yokohama.
❷ **Lernen** Sie Japanisch?
❸ Nicola **ist** Studentin.
❹ Woher **kommst** du?
❺ **Habt** ihr Hunger?
❻ Wir **arbeiten** heute nicht.

3 ❶ ①（②「はい、疲れています」、③「いいえ、疲れていません」）
❷ ①②（③「列車はすぐ来ます」）
❸ ③（①「はい、兄（弟）がいます」、②「いいえ、兄弟はいません」）

コラム 1

日本語の中のドイツ語

　初めて学ぶドイツ語、何もかもが新しいことばかりで、覚えるのも大変……そう思っている人も多いかもしれませんが、実は、皆さんにはかなりの「予備知識」があることをご存じですか？　というのも、日本語には、ドイツ語由来の単語が多く含まれているからです。

　代表的なものはアルバイト (Arbeit) やリュックサック (Rucksack) ですが、それだけではありません。お医者さんが書くカルテ (Karte)、X線の別名のレントゲン (Röntgen)、理科の実験で使うシャーレ (Schale)、登山やスキーの分野ではワンダーフォーゲル (Wandervogel)、アイゼン (Eisen)、ピッケル (Pickel)、ゲレンデ (Gelände)、ヒュッテ (Hütte) などはいずれもドイツ語です。酸性・アルカリ性を判断する水素イオン濃度指数pHを「ペーハー」と発音するのもドイツ式ですね。また、音楽の愛好家なら、曲中の小休止＝パウゼ (Pause) や拍子＝タクト (Takt)、音の出だし＝アインザッツ (Einsatz) などもご存じだと思います。

　スイーツの分野では、何と言ってもバウムクーヘン (Baumkuchen)。Baumは「木」、Kuchenは「ケーキ」の意味なので、直訳すると「木のケーキ」です。なお、BaumkuchenのようにBaumとKuchenを合わせて1語にした単語の性は、基本的に後ろの単語の性と同じになります。例えば、Apfeltorte (リンゴのタルト) は、男性名詞Apfelと女性名詞Torteを合わせたものですが、後ろのTorteの性に従って女性名詞になります。

　ちなみに、ドイツ語由来の「アルバイト」ですが、意味はやや異なるのでご注意を。日本では小遣い稼ぎに「アルバイト」をしますが、ドイツではこれをJob (英語式に「ジョブ」と発音) と呼び、Arbeitは正規の仕事を意味します。

STEP 2

6 名詞の性と数

こちらがモーツァルトハウスです。

Hier ist das Mozarthaus.
ヒーア　イスト　ダス　　　　モーツァルトハオス

これだけ

① **名詞の性は3つ。der＝男性、die＝女性、das＝中性**
デア　　　　　ディ　　　　　ダス
＊der, die, das は、「その〜は」を表す定冠詞（英語のtheに相当）です。

② 複数形の定冠詞は性にかかわらずdie。

③ 複数の作り方

- -eがつく　（机）　　der Tisch → **die** Tisch**e**
　　　　　　　　　　デア ティッシュ ディ ティッシェ
- -nがつく　（フォーク）　die Gabel → **die** Gabel**n**
　　　　　　　　　　ディ ガーベル ディ ガーベルン
- -enがつく　（シャツ）　das Hemd → **die** Hemd**en**
　　　　　　　　　　ダス ヘムト ディ ヘムデン
- -erがつく　（子ども）　das Kind → **die** Kind**er**
　　　　　　　　　　ダス キント ディ キンダー
- 単複同形　（スプーン）　der Löffel → **die** Löffel
　　　　　　　　　　デア レッフェル ディ レッフェル

Q 単語をヒントに作文してみましょう。

❶ その女子生徒はイタリア語を学んでいる。

> 女子生徒　　　学ぶ　　イタリア語
> **Schülerin** f **, lernen, Italienisch**
> シューレリン　　レルネン　イタリエーニッシュ

❷ その子どもはかわいい。

> 子ども　　かわいい
> **Kind** n **, süß**
> キント　　ズュース

❸ そのイギリス人は背が高い。

> イギリス人　　背が高い
> **Engländer** m **, groß**
> エングレンダー　　グロース

答えと音声を確認しよう

名詞の性

ドイツ語の名詞には、**男性・女性・中性の3種類**があります（**der は男性、die は女性、das は中性**を表します）。また、**一般名詞は大文字で書く**、という特徴があります。

男性名詞	der Löffel（スプーン）, der Topf（鍋）
女性名詞	die Gabel（フォーク）, die Küche（台所）
中性名詞	das Messer（ナイフ）, das Glas（グラス）

複数形

単数と複数で名詞の形が異なります。単数形に①-e がつく、②-n がつく、③-en がつく、④-er がつく、⑤**単複同形**のほか、①④⑤で母音にウムラウトがつくものもあります。

① ¨型   der Stuhl → die Stühle（椅子）
④ ¨型   das Buch → die Bücher（本）
⑤ ¨型   der Apfel → die Äpfel（りんご）

複数形でのみ用いられる単語もあります。

die Eltern（両親）、**die Ferien**（休暇）など

A

❶ Die Schülerin lernt Italienisch.

❷ Das Kind ist süß.

❸ Der Engländer ist groß.

まとめ

❶ 名詞の性は男性der・女性die・中性dasの3つ。

❷ 辞書を引く時は、性と複数形もチェックしよう。

❸ 名詞の性にかかわらず、複数形の定冠詞はdie。

❹ 固有名詞だけでなく、一般名詞も大文字で。
　＊ただしichは小文字

der Bär

Q 名詞の定冠詞を入れましょう。

❶ 祖母は料理をするのが好きだ。
　（　　　）Großmutter kocht gern.

祖母
Großmutter
グロースムッター

❷ 友情は大切だ。
　（　　　）Freundschaft ist wichtig.

友情　　　　　　大事だ
Freundschaft, wichtig
フロイントシャフト　ヴィヒティヒ

❸ 先生がまだ来ません。
　（　　　）Lehrer kommt noch nicht.

先生
Lehrer
レーラー

❹ そのリンゴはおいしい。
　（　　　）Äpfel sind lecker.

リンゴ　　　　おいしい
Äpfel pl, lecker
エップフェル　レッカー

❺ その水は冷たい。
　（　　　）Wasser ist kalt.

水　　　冷たい
Wasser, kalt
ヴァッサー　カルト

答えと音声を確認しよう

+α 名詞の性の見分け方

女性形特有の語尾があります。
-heit, -keit, -schaft, -tät, -ung, -gie, -tion

Gesundheit（健康）, Möglichkeit（可能性）
ゲズントハイト　　　　メークリヒカイト

Wissenschaft（学問）, Qualität（質）
ヴィッセンシャフト　　　　クヴァリテート

Zeitung（新聞）, Heizung（暖房）
ツァイトゥング　　　ハイツング

Ökologie（エコロジー）, Tradition（伝統）
エコロギー　　　　　　　　トラディツィオーン

外来語の多くは中性名詞です。
das Handy（携帯電話）、das Restaurant（レストラン）、das Hotel（ホテル）など。名詞を小型化する-chenや-leinのついた名詞も中性です。

der Hahn（雄鶏）→ **das** Hähn**chen**（若鶏）
デア　ハーン　　　　　　ダス　ヘーンヒェン

名詞の性と数

A

❶ Die Großmutter kocht gern.
ディ グロースムッター コホト ゲルン

❷ Die Freundschaft ist wichtig.
ディ フロイントシャフト イスト ヴィヒティヒ

❸ Der Lehrer kommt noch nicht.
デア レーラー コムト ノホ ニヒト

❹ Die Äpfel sind lecker.
ディ エップフェル ズィント レッカー

❺ Das Wasser ist kalt.
ダス ヴァッサー イスト カルト

7 定冠詞

観光客はその庭園を訪れます。

Die Touristen besuchen den Garten.
ディ　トゥリステン　ベズーヘン　デン　ガルテン

これだけ

定冠詞：特定のものを指すときに名詞の前につける。
格：日本語の「が・の・に・を」を冠詞によって示す。

	男性	女性	中性	複数
〜は・〜が（1格）	der デア	die ディ	das ダス	die ディ
〜を（4格）	den デン	die ディ	das ダス	die ディ
〜に（3格）	dem デム	der デア	dem デム	den デン

日本語の「〜は・〜が」にあたる、文中の主語が1格です。ドイツ語は基本的に主語を必要とします。男性1格の定冠詞は der です。

Q 単語をヒントに作文してみましょう。

❶ その列車はまだ来ません。

列車　　　来る　　まだ〜ない
Zug m, **kommen, noch nicht**
ツーク　　コンメン　ノホ　ニヒト

❷ その日本人が勝者です。

日本人　　　勝者
Japaner m, **Gewinner** m
ヤパーナー　　ゲヴィナー

❸ その山は「富士」と言います。

山　　　〜という名前である
Berg m, **heißen**
ベルク　　ハイセン

答えと音声を確認しよう

もっと1 4格「～を」
男性＝den, 女性＝die, 中性＝das, 複数＝die

行為の対象となるもの（直接目的語）が4格です。動詞kaufen（買う）では「買われるもの」が4格です。

Der Lehrer kauft den Anzug.
デア　レーラー　カオフト　デン　アンツーク
（その教師はそのスーツを買います）

LehrerもAnzugも男性名詞ですが、主語Lehrerの定冠詞がderとなるのに対し、4格の目的語Anzugの定冠詞は**den**となります。

もっと2 3格「～に」
男性＝dem, 女性＝der, 中性＝dem, 複数＝den

「～に対して」「～にとって」など、間接目的語にあたるものが3格です。男性名詞では、定冠詞は**dem**に変化します。

Der Lehrer antwortet dem Schüler.
デア　レーラー　アントヴォルテット　デム　シューラー
（その教師はその生徒に答える）

A

❶ Der Zug kommt noch nicht.
デア ツーク コムト ノホ ニヒト

❷ Der Japaner ist der Gewinner.
デア ヤパーナー イスト デア ゲヴィナー

❸ Der Berg heißt „Fuji".
デア ベルク ハイスト フジ

まとめ

名詞の性と格に応じて変化する。

	男性	その手紙	女性	そのドア	中性	その子	複数	それらの本
1	der デア	Brief ブリーフ	die ディ	Tür テューア	das ダス	Kind キント	die ディ	Bücher ビューヒャー
2	des デス	Brief**es** ブリーフェス	der デア	Tür テューア	des デス	Kind**es** キンデス	der デア	Bücher ビューヒャー
3	dem デム	Brief ブリーフ	der デア	Tür テューア	dem デム	Kind キント	den デン	Bücher**n** ビューヒャーン
4	den デン	Brief ブリーフ	die ディ	Tür テューア	das ダス	Kind キント	die ディ	Bücher ビューヒャー

＊男性・中性名詞の2格では、語尾にs（またはes）がつく
＊複数名詞の3格では、多くの場合、語尾にnがつく

Q 格に注意して正しい定冠詞を入れて文を完成させましょう。

❶ その女優をご存じですか？
Kennen Sie (　　) Schauspielerin?

女優
Schauspielerin f
シャオシュピーレリン

❷ その教会はとても古いです。
(　　) Kirche ist sehr alt.

教会
Kirche f
キルヒェ

❸ その家は大きい。
(　　) Haus ist groß.

家
Haus n
ハオス

❹ その子どもはその幼稚園に通っている。
(　　) Kind besucht (　　) Kindergarten.

子ども　　幼稚園
Kind n , **Kindergarten** m
キント　　キンダーガルテン

答えと音声を確認しよう

+α 2格「〜の」

「その男性のスーツ」のように、「の」の働きをするのが2格です。
日本語とは異なり、名詞の後ろから前にかかるのが特徴です。

Der Anzug **des** Mann**es** ist schick.
デア　アンツーク　デス　マンネス　イスト シック
(その男性の スーツはおしゃれだ)

Ich kenne den Chef **der** Firma.
イヒ　ケンネ　デン　シェフ　デア　フィルマ
(私はその会社の 社長を知っている)

定冠詞 7

A

❶ Kennen Sie die Schauspielerin?
ケンネン ズィー ディ シャオシュピーレリン

❷ Die Kirche ist sehr alt.
ディ キルヒェ イスト ゼーア アルト

❸ Das Haus ist groß.
ダス ハオス イスト グロース

❹ Das Kind besucht den Kindergarten.
ダス キント ベズーフト デン キンダーガルテン

049

8 不定冠詞

ソーセージを1つとビールを1つください。
Ich möchte eine Wurst und ein Bier.
イヒ　メヒテ　アイネ　ヴルスト　ウント　アイン　ビーア

＊ ich möchte で「〜をください」

これだけ

特定されていない単数の名詞を表すときには不定冠詞を使います。複数形はありません。

	男性	女性	中性
〜は・〜が (1格)	ein アイン	eine アイネ	ein アイン
〜を (4格)	einen アイネン	eine アイネ	ein アイン
〜に (3格)	einem アイネム	einer アイナー	einem アイネム

Q 単語をヒントに作文してみましょう。

❶ 君はペンを1本持っている？
_____

持っている　ペン
haben, Stift m
ハーベン　シュティフト

❷ あそこに郵便局があるよ。
Da _____

あそこで　郵便局
da, Post f
ダー　ポスト

❸ 私はシャツを1枚買う。
_____

買う　シャツ
kaufen, Hemd n
カオフェン　ヘムト

答えと音声を確認しよう

もっと1

1格・4格

1格(〜が・は)：男性＝ ein, 女性＝ eine, 中性＝ ein

Ein Tisch ist noch frei.
アイン ティッシュ イスト ノホ フライ
（テーブルがまだ1つ空いています＝空席があります）

4格(〜を)：男性＝ einen, 女性＝ eine, 中性＝ ein

Ich möchte **einen Käsekuchen**.
イヒ メヒテ アイネン ケーゼクーヘン
（チーズケーキを1つください）

もっと2

3格・2格

3格(〜に)：男性＝ einem, 女性＝ einer, 中性＝ einem

Sie zeigt **einem Mann** den Weg.
ズィー ツァイクト アイネム マン デン ヴェーク
（彼女は1人の男性に道順を教える）

2格(〜の)：男性＝ eines, 女性＝ einer, 中性＝ eines

男性・中性名詞の2格では、名詞の語尾にsまたはesがつきます。

Der Kommentar **eines Lesers** ist kritisch.
デア コメンタール アイネス レーザース イスト クリティッシュ
（ある(男性)読者のコメントは批判的だ）

不定冠詞

A

❶ Hast du einen Stift?
ハスト ドゥー アイネン シュティフト

❷ Da ist eine Post.
ダー イスト アイネ ポスト

❸ Ich kaufe ein Hemd.
イヒ カオフェ アイン ヘムト

まとめ

名詞の性と格に応じて変化する（複数形にはつかない）。

	男性	一部分	女性	1言語	中性	1部屋
1	ein アイン	Teil タイル	eine アイネ	Sprache シュプラーへ	ein アイン	Zimmer ツィンマー
2	eines アイネス	Teil**s** タイルス	einer アイナー	Sprache シュプラーへ	eines アイネス	Zimmer**s** ツィンマース
3	einem アイネム	Teil タイル	einer アイナー	Sprache シュプラーへ	einem アイネム	Zimmer ツィンマー
4	einen アイネン	Teil タイル	eine アイネ	Sprache シュプラーへ	ein アイン	Zimmer ツィンマー

Q 正しい不定冠詞を入れ、文を完成させましょう。

❶ 私には弟が1人と妹が1人いる。
Ich habe (　　) Bruder und (　　) Schwester.

弟　　　　　妹
Bruder m , **Schwester** f
ブルーダー　　シュヴェスター

❷ その部屋には窓が1つしかない。
Das Zimmer hat nur (　　) Fenster.

窓
Fenster n
フェンスター

❸ あそこに1軒のパン屋があります。
そのパン屋はよいです。
Dort ist (　　) Bäckerei.
Die Bäckerei ist gut.

パン屋
Bäckerei f
ベケライ

❹ これは何ですか？——これは
（ワインの）コルク抜きです。
Was ist das? – Das ist
(　　) Korkenzieher.

コルク抜き
Korkenzieher m
コルケンツィーアー

答えと音声を確認しよう

+α 定冠詞と不定冠詞の違い

すでに話題になっている事物や、数ある中から1つを特定して言う場合は定冠詞を、特に指定はなく、ある1つの事物を表す際には不定冠詞を用います。

Ich möchte eine Wurst.
イヒ メヒテ アイネ ヴルスト
（私はソーセージを1ついただきたいです）
→ソーセージならどれでもいいので1つ。

Ich möchte die Wurst.
イヒ メヒテ ディ ヴルスト
（私はそのソーセージをいただきたいです）
→数や種類がたくさんある中で「そのソーセージ」。

A

❶ Ich habe einen Bruder und eine Schwester.
イヒ ハーベ アイネン ブルーダー ウント アイネ シュヴェスター

❷ Das Zimmer hat nur ein Fenster.
ダス ツィンマー ハット ヌーア アイン フェンスター

❸ Dort ist eine Bäckerei. Die Bäckerei ist gut.
ドルト イスト アイネ ベケライ　　　ディ ベケライ イスト グート

❹ Was ist das? – Das ist ein Korkenzieher.
ヴァス イスト ダス　　　ダス イスト アイン コルケンツィーアー

9 定冠詞類 (dieser, welcher)・所有冠詞、否定冠詞

彼女は私のおばです。私は彼女の甥です。
Sie ist meine Tante.
ズィー　イスト　マイネ　　タンテ
Ich bin ihr Neffe.
イヒ　　ビン　イーア　ネッフェ

これだけ

定冠詞に準じた変化をするもの

dieser（この〜）　　**jener**（あの〜、例の〜）　　**jeder**（あらゆる〜）
ディーザー　　　　　　イェーナー　　　　　　　　　イェーダー

aller（すべての〜）　**welcher**（どの〜？）
アラー　　　　　　　　ヴェルヒャー

不定冠詞に準じた変化をするもの

mein（私の）　　　**dein**（君の）　　**sein**（彼の、それの）
マイン　　　　　　　ダイン　　　　　　ザイン

ihr（彼女の、彼ら・彼女らの）　**unser**（私たちの）　**euer**（君たちの）
イーア　　　　　　　　　　　　　ウンザー　　　　　　オイアー

Ihr（あなた（方）の）　**kein**（〜ではない）
イーア　　　　　　　　　カイン

Q 定冠詞類を適切な形にして文を完成させましょう。

❶ この列車はここが終点です。
　（　　　）Zug endet hier.

> この　　　列車
> **dieser, Zug** m
> ディーザー　　ツーク

❷ どの本も5ユーロです。
　（　　　）Buch kostet fünf Euro.

> どの　　　本　　　〜の値段である
> **jeder, Buch** n**, kosten**
> イェーダー　ブーフ　コステン

❸ 君のおじさんはどこに住んでいるの？
　Wo wohnt（　　　）Onkel?

> 住んでいる　君の
> **wohnen, dein**
> ヴォーネン　ダイン

答えと音声を確認しよう

定冠詞類（この・どの〜？）

- 定冠詞類 dieser（この）の変化

	男性	この机	女性	この時計	中性	この車	複数	これらの木々
1	dieser Tisch ディーザー ティッシュ		diese Uhr ディーゼ ウーア		dieses Auto ディーゼス アオト		diese Bäume ディーゼ ボイメ	
2	dieses Tisches ディーゼス ティッシェス		dieser Uhr ディーザー ウーア		dieses Autos ディーゼス アオトス		dieser Bäume ディーザー ボイメ	
3	diesem Tisch ディーゼム ティッシュ		dieser Uhr ディーザー ウーア		diesem Auto ディーゼム アオト		diesen Bäumen ディーゼン ボイメン	
4	diesen Tisch ディーゼン ティッシュ		diese Uhr ディーゼ ウーア		dieses Auto ディーゼス アオト		diese Bäume ディーゼ ボイメ	

不定冠詞類（私の・君の〜）

所有冠詞：不定冠詞と違い、複数形があります。

- 所有冠詞 mein（私の）の変化

	男性	私のおじ	女性	私のおば	中性	私の子ども	複数	私の両親
1	mein Onkel マイン オンケル		meine Tante マイネ タンテ		mein Kind マイン キント		meine Eltern マイネ エルターン	
2	meines Onkels マイネス オンケルス		meiner Tante マイナー タンテ		meines Kindes マイネス キンデス		meiner Eltern マイナー エルターン	
3	meinem Onkel マイネム オンケル		meiner Tante マイナー タンテ		meinem Kind マイネム キント		meinen Eltern マイネン エルターン	
4	meinen Onkel マイネン オンケル		meine Tante マイネ タンテ		mein Kind マイン キント		meine Eltern マイネ エルターン	

＊ unser（私たちの）、euer（君たちの）の女性1格と4格は、unsere、euere を unsre、eure と省略できる。

否定冠詞 kein：不定冠詞（ein）、無冠詞の否定に使います。（→＋α）

A

❶ Dieser Zug endet hier.
ディーザー ツーク エンデット ヒーア

❷ Jedes Buch kostet fünf Euro.
イェーデス ブーフ コステット フュンフ オイロ

❸ Wo wohnt dein Onkel?
ヴォー ヴォーント ダイン オンケル

まとめ

❶ 重要な定冠詞類：**dieser**（この〜）、**welcher**（どの〜？）

❷ 所有冠詞(mein, dein…)と否定冠詞(kein)は、不定冠詞に準じた変化をする。

Q 適切な冠詞を入れて文を完成させましょう。

❶ これは私の時計です。
　　Das ist (　　　) Uhr.

　私の　時計
　mein, Uhr f
　マイン　ウーア

❷ これはあなたの車ですか？
　　Ist das (　　　) Auto?

　あなたの　車
　Ihr, Auto n
　イーア　アオト

❸ カールは彼の兄にネクタイを1本贈ります。
　　Karl schenkt (　　　) Bruder eine Krawatte.

　彼の　兄
　sein, Bruder m
　ザイン　ブルーダー

❹ 君は私の妹を知っているの？
　　Kennst du (　　　) Schwester?

　私の　妹
　mein, Schwester f
　マイネ　シュヴェスター

❺ 彼女はアルコールを飲まない。
　　Sie trinkt (　　　) Alkohol.

　アルコール
　Alkohol m
　アルコホール

❻ 私たちの住居にはエアコンがありません。
　　Unsere Wohnung hat (　　　) Klimaanlage.

　エアコン
　Klimaanlage f
　クリーマアンラーゲ

答えと音声を確認しよう

+α　keinとnichtの使い分け

定冠詞や所有冠詞のついた名詞の否定にはnichtを使います。

Ich trinke **den** Wein.
→Ich trinke **nicht den** Wein.（私はそのワインは飲まない）
　イヒ　トリンケ　ニヒト　デン　ヴァイン

Das ist **meine** Uhr.
→Das ist **nicht meine** Uhr.（これは私の時計ではない）
　ダス　イスト　ニヒト　マイネ　ウーア

無冠詞の目的語（Durst, Hunger, Zeitなど）や、不定冠詞（ein）を伴う名詞を否定するときはkeinを使います。

Ich habe Hunger.
→Ich habe **keinen** Hunger.（私は空腹ではない）
　イヒ　ハーベ　カイネン　フンガー

Ich habe **ein** Handy.
→Ich habe **kein** Handy.（私は携帯電話を持っていない）
　イヒ　ハーベ　カイン　ヘンディ

定冠詞類(dieser, welcher)・所有冠詞、否定冠詞

A

❶ Das ist meine Uhr.
ダス イスト マイネ ウーア

❷ Ist das Ihr Auto?
イスト ダス イーア アオト

❸ Karl schenkt seinem Bruder eine Krawatte.
カルル シェンクト ザイネム ブルーダー アイネ クラヴァッテ

❹ Kennst du meine Schwester?
ケンスト ドゥー マイネ シュヴェスター

❺ Sie trinkt keinen Alkohol.
ズィー トリンクト カイネン アルコホール

❻ Unsere Wohnung hat keine Klimaanlage.
ウンゼレ ヴォーヌング ハット カイネ クリーマアンラーゲ

10 人称代名詞

私は彼をよく知っています。

Ich kenne ihn gut.
イヒ　　ケンネ　　イーン　　グート

これだけ

人称代名詞（単数）の3格（〜に）・4格（〜を）

	私	君	彼	彼女	それ
〜は・が(1格)	ich イヒ	du ドゥー	er エーア	sie ズィー	es エス
〜に(3格)	mir ミーア	dir ディーア	ihm イーム	ihr イーア	ihm イーム
〜を(4格)	mich ミヒ	dich ディヒ	ihn イーン	sie ズィー	es エス

Q 単語をヒントに作文してみましょう。

❶ 私は彼女を知っています。

知っている
kennen
ケンネン

❷ 私は彼にその本を贈ります。

贈る　　　本
schenken, Buch n
シェンケン　　ブーフ

❸ 彼女は彼を愛しているのでしょうか？

愛する
lieben
リーベン

答えと音声を確認しよう

058

疑問詞 wer, was

疑問詞 wer（誰が？）も格に応じて変化し、3格は wem（誰に？）、4格は wen（誰を？）です。was（何が？）に3格はありません。

	人	もの
1格	wer（誰が） ヴェーア	was（何が） ヴァス
3格	wem（誰に） ヴェーム	----
4格	wen（誰を） ヴェーン	was（何を） ヴァス

事物を受ける人称代名詞

人だけではなく事物も人称代名詞に置き換えることが可能です。その名詞の格に応じて、男性名詞は er/ihm/ihn、女性名詞は sie/ihr/sie、中性名詞は es/ihm/es、複数は sie/ihnen/sie になります。

Kaufst du den Stift? — Ja, ich kaufe ihn.
カオフスト ドゥー デン シュティフト ヤー イヒ カオフェ イーン
（君はそのペンを買うの？ーうん、僕はそれを買うよ）

A

❶ Ich kenne sie.　［彼女を・4格］
イヒ ケンネ ズィー

❷ Ich schenke ihm das Buch.　［彼に・3格］
イヒ シェンケ イーム ダス ブーフ

❸ Liebt sie ihn?　［彼を・4格］
リープト ズィー イーン

まとめ

1格	ich	du	er	sie	es	wir	ihr	sie	Sie
3格	mir	dir	ihm	ihr	ihm	uns	euch	ihnen	Ihnen
4格	mich	dich	ihn	sie	es	uns	euch	sie	Sie

❶ 疑問詞werも格変化する（wer, wem, wen）。

❷ 男性名詞は「彼」(er, ihm, ihn)、女性名詞は「彼女」(sie, ihr)、中性名詞は「それ」(es, ihm)に置き換え可能。

Q 単語をヒントに作文してみましょう。

❶ 誰がドイツ語を習っているのですか？

誰が　習う　ドイツ語
wer, lernen, Deutsch
ヴェーア　レルネン　ドイチェ

❷ その時計は素敵です。私はそれを買います。

時計　素敵な　買う
Uhr f, schön, kaufen
ウーア　シェーン　カオフェン

❸ 誰に君はその花を贈るの？

誰に　贈る　花
wem, schenken, Blumen pl
ヴェーム　シェンケン　ブルーメン

❹ あなたに私の庭をお見せしましょう。

見せる　私の　庭
zeigen, mein, Garten m
ツァイゲン　マイン　ガルテン

答えと音声を確認しよう

060

+α 代名詞の語順

3格の目的語（間接目的語）と4格の目的語（直接目的語）を含む文の基本的な語順は「**主語→動詞→3格→4格**」です。

3格・4格の目的語のいずれかが人称代名詞の場合、人称代名詞を優先します。**3格・4格いずれも人称代名詞の場合には「4格→3格」の順**になります。

Ich zeige **der Touristin den Weg**.
イヒ ツァイゲ デア トゥリスティン デン ヴェーク
私は 教える その女性旅行者に（3格） 道順を（4格）

Ich zeige **ihr den Weg**.
私は 教える 彼女に（3格） 道順を（4格）

Ich zeige **ihn der Touristin**.
私は 教える それを（4格） その女性旅行者に（3格）

Ich zeige **ihn ihr**.
私は 教える それを（4格） 彼女に（3格）

A

❶ Wer lernt Deutsch?
ヴェーア レルント ドイチュ

❷ Die Uhr ist schön. Ich kaufe sie.
ディ ウーア イスト シェーン イヒ カオフェ ズィー

❸ Wem schenkst du die Blumen?
ヴェーム シェンクスト ドゥー ディ ブルーメン

❹ Ich zeige Ihnen meinen Garten.
イヒ ツァイゲ イーネン マイネン ガルテン

まとめのドリル 2

1 名詞の性に注意して、単数形の定冠詞と複数形を入れましょう。

	単数形		複数形	
① リンゴ	(	) Apfel	die (	)
② 本	(	) Buch	die (	)
③ かばん	(	) Tasche	die (	)
④ 机	(	) Tisch	die (	)

2 ( )に不定冠詞または定冠詞を入れましょう。

① Hier ist ( ) Supermarkt. ( ) Supermarkt ist groß.
[スーパーマーケット Supermarkt m]
ここに1軒スーパーマーケットがある。そのスーパーマーケットは大きい。

② Dort sehen Sie ( ) Kirche. ( ) Kirche ist sehr berühmt.
[教会 Kirche f]
あそこに教会が(1つ)見えますね。その教会はとても有名です。

③ Es gibt in dieser Stadt ( ) Theater. Wir besuchen morgen ( ) Theater.
[劇場 Theater n]
この町には劇場が(1つ)あります。私たちはその劇場を明日訪れます。

3 ( )に所有冠詞(mein, dein…)を変化させて入れましょう。

① Wie alt ist ( ) Sohn? - ( ) Sohn ist 10 Jahre alt.
[息子 Sohn m]
あなたの息子さんの年齢はおいくつですか？―私の息子は10歳です。

② Ist das der Stift von Peter? –Nein, das ist nicht ( ) Stift.
これはペーターのペンですか？―いいえ、これは彼のペンではありません。

③ Thomas, wie war ( ) Reise nach Italien? [旅行 Reise f]
トーマス、君のイタリア旅行はどうだったの？

④ Luisa sucht ( ) Brille. [眼鏡 Brille f]
ルイーザは彼女の(自分の)メガネを探しています。

4 格に注意して、適切な人称代名詞を入れましょう。

1. Was macht Werner? –(　　) spielt draußen Fußball.
   ヴェルナーは何をしているの？―彼は外でサッカーをしているよ。

2. Wie findest du den Computer? –Ich finde (　　) teuer.
   君はそのパソコンをどう思う？―それは高いと思うな。

3. Kennst du meine Freundin? – Nein, ich kenne (　　) nicht.
   君は僕の彼女を知っているかい？―いや、僕は彼女のことを知らないよ。

4. Herr Stein, ich zeige (　　) den Weg zum Schloss.
   シュタインさん、お城への道順を（あなたに）お伝えしますね。

こたえ

1
1. **der** Apfel, die **Äpfel**　2. **das** Buch, die **Bücher**
3. **die** Tasche, die **Taschen**　4. **der** Tisch, die **Tische**

2
1. Hier ist **ein** Supermarkt. **Der** Supermarkt ist groß.
2. Dort sehen Sie **eine** Kirche. **Die** Kirche ist sehr berühmt.
3. Es gibt in dieser Stadt **ein** Theater. Wir besuchen morgen **das** Theater.

3
1. Wie alt ist **Ihr** Sohn? - **Mein** Sohn ist 10 Jahre alt.
2. Ist das der Stift von Peter? –Nein, das ist nicht **sein** Stift.
3. Thomas, wie war **deine** Reise nach Italien?
4. Luisa sucht **ihre** Brille.

4
1. Was macht Werner? –**Er** spielt draußen Fußball.
2. Wie findest du den Computer? –Ich finde **ihn** teuer.
3. Kennst du meine Freundin? – Nein, ich kenne **sie** nicht.
4. Herr Stein, ich zeige **Ihnen** den Weg zum Schloss.

コラム2 実はおいしい？ ドイツ料理

　ドイツ料理、と聞いて真っ先に思い浮かぶのが「ビール(Bier)とソーセージ(Wurst)」。では、ほかに何があるのかと聞かれても、なかなか思い浮かばないかもしれません。でもそれは、ドイツ料理の種類が少ないからではなく、むしろ多すぎるのが原因かもしれません。「これぞドイツ料理」という定番が少なく、郷土料理が豊かなのです。

　例えば「ビールとソーセージ」にしても、ビールは5000種類以上あると言われますし、ソーセージも、フランクフルター(Frankfurter。ただし、日本の「フランクフルト」とは違うもの)やヴィーナー(Wiener)、ニュルンベルガー(Nürnberger)やチューリンガー(Thüringer)など、種類は実に豊富です。

　食に限らず、ドイツには、地方の独自性が強いという特徴があります。これには、統一国家が成立したのが比較的遅い(1871年)という歴史的な事情や、教育・文化行政を州(16の連邦州がある)が管轄しているという政治的な事情も関係しています。そのため、方言の違いも大きく、祝日の日数も州ごとに異なり、さらに食文化も多彩で、主食のパンも多種多様です。

　もちろん、豚肉や鶏肉のカツレツ「シュニッツェル」(Schnitzel)や酢漬けのキャベツ「ザウアークラウト」(Sauerkraut)など、全国的に普及している料理もありますが、その地方でしか味わえない郷土料理がたくさんあります。

　一例として、ベルリン名物の茹でた豚足「アイスバイン」(Eisbein)、ライン川地方特産の酢漬け牛肉のロースト「ザウアーブラーテン」(Sauerbraten)、ドイツ南西部で食べられるドイツ版ラビオリ「マウルタッシェン」(Maultaschen)や細切れのパスタ(Spätzle)、ミュンヘン名物の豚足のグリル「シュバイネハクセ」(Schweinehaxe)などがありますが、これらはほんの一部。ぜひ、ドイツのレストランでは、Was sind die Spezialitäten in dieser Gegend?(ヴァス ズィント ディ シュペツィアリテーテン イン ディーザー ゲーゲント)(この地方の郷土料理は何ですか？)と聞いて、名物料理を試してみてください。

STEP 3

11 3格・4格をとる表現

ご機嫌いかがですか？

Wie geht es Ihnen?
ヴィー　ゲート　エス　イーネン

これだけ

Wie geht es 〜（人の3格）**?**（〜の調子はどうですか？）
ヴィー　ゲート　エス

Es geht 〜（人の3格）**sehr gut / gut / nicht so gut / schlecht.**
エス　ゲート　　　　　　　ゼーア　グート　グート　ニヒト　ゾー　グート　シュレヒト
（〜の調子は　とてもよい／よい／あまりよくない／悪い　です）

finden＋4格＋形容詞（〜を…だと思う）
フィンデン

Q 単語をヒントに作文してみましょう。

❶（君に対して）調子はどう？

_____

❷ 私の調子はとてもいいです。

_____

❸ 彼の調子はいいかい？

_____

どう
wie
ヴィー

とてもよい
sehr gut
ゼーア　グート

調子が〜だ　いい
gehen, gut
ゲーエン　グート

答えと音声を確認しよう

066

もっと1 ː 3格をとる動詞

日本語の「〜に」には対応しない、3格の目的語を伴う動詞に、gefallen「（物が）（人の）気に入る」やgehören「（物が）（人の）ものである」などがあります。

Diese Bluse gefällt mir.（このブラウスは私のお気に入りです）
ディーゼ　ブルーゼ　ゲフェルト　ミーア

Wem gehört die Uhr?（この時計は誰のものですか？）
ヴェーム　ゲヘーアト　ディ　ウーア

もっと2 ː finden＋4格＋形容詞

findenには「〜を見つける」のほかに、finden＋(人・物の4格)＋形容詞で、「(人が)〜を…だと思う」という意味があります。

Wie findest du den Film? — Ich finde ihn fantastisch.
ヴィー　フィンデスト　ドゥー　デン　フィルム　　イヒ　フィンデ　イーン　ファンタスティッシュ
（君はその映画をどう思う？—それは素敵だと思うわ）

A

❶ Wie geht es dir?
ヴィー　ゲート　エス　ディーア

❷ Es geht mir sehr gut.
エス　ゲート　ミーア　ゼーア　グート

❸ Geht es ihm gut?
ゲート　エス　イーム　グート

まとめ

❶「調子が〜である」は **es geht** ＋人の3格(**mir**, **dir**など)

❷ **gefallen**＋3格「〜の気に入る」、**gehören** ＋3格「〜のもの」

❸ **finden**＋4格＋形容詞「〜を…だと思う」

Q 単語をヒントに作文してみましょう。

❶ このゲームは私たちの気に入っています。

> このゲーム　　よく
> **dieses Spiel, gut**
> ディーゼス　シュピール　グート

❷ そのリュックサックは誰のものですか？

> リュックサック　〜のものである
> **Rucksack m, gehören**
> ルックザック　　　ゲヘーレン

❸ 彼女は彼のことを親切だと思っている。

> 思う　　親切な
> **finden, nett**
> フィンデン　ネット

❹ あなたのお子さんの調子はいかがですか？

> あなたの子ども
> **Ihr Kind**
> イーア キント

❺ 君はそのかばんをどう思う？

> どのように　かばん
> **wie,　Tasche f**
> ヴィー　　　タッシェ

068

+α 日本語の「に・を」に合致しない動詞

helfen（〜を助ける）は目的語に必ず3格をとります。
Wir helfen unseren Eltern.（私たちは両親の手伝いをします）
ヴィア ヘルフェン ウンゼレン エルターン
→「〜に力を貸す」と覚える。

fragen（〜にたずねる）は4格をとります。
Er fragt mich oft.（彼はよく私に質問する）
エア フラークト ミヒ オフト
→「〜を問い詰める」と覚える。

A

❶ Dieses Spiel gefällt uns gut.
ディーゼス シュピール ゲフェルト ウンス グート

❷ Wem gehört der Rucksack?
ヴェーム ゲヘーアト デア ルックザック

❸ Sie findet ihn nett.
ズィー フェンデット イーン ネット

❹ Wie geht es Ihrem Kind?
ヴィー ゲート エス イーレム キント

❺ Wie findest du die Tasche?
ヴィー フィンデスト ドゥー ディ タッシェ

3格・4格をとる表現

12 不規則動詞

明日どこへ行くの？

Wohin fährst du morgen?
ヴォヒン　　　フェーアスト　ドゥー　　　モルゲン

これだけ

人称変化が「不規則」なのは、**2人称単数・3人称単数の場合**です。

a→äの変化

fahren（乗り物で行く、〜を運転する）

ich イヒ	fahre ファーレ	wir ヴィーア	fahren ファーレン
du ドゥー	**fährst** フェーアスト	ihr イーア	fahrt ファールト
er/sie/es エーア	**fährt** フェーアト	sie ズィー	fahren ファーレン

同様の変化に、schlafen（寝る）、tragen（運ぶ）など。

Q 単語をヒントに作文してみましょう。

❶ 私はミュンヘンへ行きます。

　　行く　　　ミュンヘンに
　fahren, nach München
　　ファーレン　ナーハ　ミュンヒェン

❷ 君は明日どこへ行くの？

　　どこへ　　行く　　　明日
　wohin, fahren, morgen
　　ヴォヒン　ファーレン　モルゲン

❸ その列車はボンへは行きません。

　　列車　　　ボンへ
　Zug m **, nach Bonn**
　　ツーク　　　ナーハ　ボン

答えと音声を確認しよう

070

もっと1 e→iの変化

helfen（～に力を貸す）＊3格の目的語をとります。

ich イヒ	helfe ヘルフェ	wir ヴィーア	helfen ヘルフェン
du ドゥー	**hilfst** ヒルフスト	ihr イーア	helft ヘルフト
er/sie/es エーア	**hilft** ヒルフト	sie ズィー	helfen ヘルフェン

同様の変化に、geben（与える：du gibst / er gibt）、essen（食べる：du isst / er isst）、sprechen（話す：du sprichst / er spricht）など。

もっと2 e→ieの変化

sehen「見る」

ich イヒ	sehe ゼーエ	wir ヴィア	sehen ゼーエン
du ドゥー	**siehst** ズィースト	ihr イーア	seht ゼート
er/sie/es エーア	**sieht** ズィート	sie ズィー	sehen ゼーエン

同様の変化に、lesen（読む：du liest / er liest）など。

A

❶ Ich fahre nach München.
イヒ ファーレ ナーハ ミュンヒェン

❷ Wohin fährst du morgen?
ヴォヒン フェーアスト ドゥー モルゲン

❸ Der Zug fährt nicht nach Bonn.
デア ツーク フェーアト ニヒト ナーハ ボン

不規則動詞

まとめ

❶ a→ä の変化 (fahren)　　du **fährst** / er **fährt**

❷ e→i の変化 (helfen)　　du **hilfst** / er **hilft**

❸ e→ie の変化 (sehen)　　du **siehst** / er **sieht**

Q 単語をヒントに作文してみましょう。

❶ 君はドイツ語を話すの？
　話す　　　ドイツ語
　sprechen, Deutsch
　シュプレッヒェン　ドイチュ

❷ 私の妹は新聞を読んでいる。
　妹　　　　新聞
　Schwester, eine Zeitung
　シュヴェスター　アイネ ツァイトゥング

❸ 彼女はよく私を手伝ってくれる。
　手伝う　　よく
　helfen, oft
　ヘルフェン　オフト

❹ ペーターはまだ寝ているよ。
　寝る　　　まだ
　schlafen, noch
　シュラーフェン　ノホ

答えと音声を確認しよう

+α 重要な不規則変化動詞

nehmen（もらう、受け取る）

ich イヒ	nehme ネーメ	wir ヴィーア	nehmen ネーメン
du ドゥー	**nimmst** ニムスト	ihr イーア	nehmt ネームト
er/sie/es エーア	**nimmt** ニムト	sie ズィー	nehmen ネーメン

wissen（知っている）＊1人称単数も不規則

ich イヒ	**weiß** ヴァイス	wir ヴィーア	wissen ヴィッセン
du ドゥー	**weißt** ヴァイスト	ihr イーア	wisst ヴィスト
er/sie/es エーア	**weiß** ヴァイス	sie ズィー	wissen ヴィッセン

werden（〜になる）

ich イヒ	werde ヴェーアデ	wir ヴィーア	werden ヴェーアデン
du ドゥー	**wirst** ヴィルスト	ihr イーア	werdet ヴェーアデット
er/sie/es エーア	**wird** ヴィルト	sie ズィー	werden ヴェーアデン

A

❶ Sprichst du Deutsch?
シュプリヒスト ドゥー ドイチュ

❷ Meine Schwester liest eine Zeitung.
マイネ シュヴェスター リースト アイネ ツァイトゥング

❸ Sie hilft mir oft.
ズィー ヒルフト ミーア オフト

❹ Peter schläft noch.
ペーター シュレーフト ノホ

13 話法の助動詞① können

手伝ってくれない？

Kannst du mir helfen?
カンスト　ドゥー　ミーア　ヘルフェン

これだけ

2番目に話法の助動詞（人称変化）、本動詞は文末（不定形）に置きます。

Sie **spricht** Deutsch.（彼女はドイツ語を話します）
ズィー　シュプリヒト　ドイチュ

Sie **kann** Deutsch **sprechen**.（彼女はドイツ語を話せます）
ズィー　カン　ドイチュ　シュプレッヒェン

können（〜できる）の変化

ich イヒ	kann カン	wir ヴィーア	können ケンネン
du ドゥー	kannst カンスト	ihr イーア	könnt ケント
er/sie/es エーア	kann カン	sie ズィー	können ケンネン

Q 単語をヒントに作文してみましょう。

❶ 彼は上手に泳ぐことができます。

上手に　泳ぐ
gut, schwimmen
グート　シュヴィンメン

❷ 私たちはその歌を歌えます。

歌　　　　歌う
Lied ⓝ, singen
リート　ズィンゲン

答えと音声を確認しよう

074

もっと1 語順

動詞の意味を補い、可能や義務、意志などを表します。文の2番目に人称変化（不規則変化）して置き、本動詞は不定形となって文末に移動します。

平叙文：主語＋話法の助動詞＋目的語＋本動詞（不定形）

疑問文：

①話法の助動詞＋主語＋目的語＋本動詞（不定形）？

Kannst du mir **helfen?**（手伝ってくれない？）
カンスト　ドゥー　ミーア　ヘルフェン

②疑問詞＋話法の助動詞＋主語＋目的語＋本動詞（不定形）？

Was kann ich für Sie **tun?**（ご用件は何でしょうか？）
ヴァス　カン　イヒ フューア ズィー トゥーン

もっと2 否定

否定したい本動詞または名詞の前にnichtまたはkeinを入れます。

Ich koche nicht.
→ Ich **kann nicht kochen**.（私は料理ができない）
　イヒ　カン　　ニヒト　　コッヘン

Ich finde keine Unterkunft.
→ Ich **kann keine** Unterkunft **finden**.
　イヒ　カン　カイネ　　ウンタークンフト　　フィンデン
（私は泊まるところを見つけることができない）

話法の助動詞① können

A
❶ Er kann gut schwimmen.
エーア カン グート シュヴィンメン

❷ Wir können das Lied singen.
ヴィーア ケンネン ダス リート ズィンゲン

まとめ

❶ これまで動詞が置かれていた所(文の2番目)に話法の助動詞(人称変化)、本動詞は不定形で文末に置く。

❷ 主語が単数の場合は不規則変化する。
ich **kann**/du **kannst**/er **kann**

Q 単語をヒントに作文してみましょう。

❶ 君たちはサッカーをすることができるかい？

サッカーをする
Fußball spielen
フースバル シュピーレン

❷ 私の妹は料理が上手です(上手に料理できる)。

妹　　　　上手に 料理する
Schwester f , gut, kochen
シュヴェスター　　グート コッヘン

❸ ドアを閉めてくれませんか？

〜できる ドア　閉める
können, die Tür, schließen
ケンネン　ディ テューア シュリーセン

❹ 君はダンスができるかい？

ダンスをする
tanzen
タンツェン

❺ 私はそれを理解できません。
Das

それ　理解する
das, verstehen
ダス　フェアシュテーエン

答えと音声を確認しよう

+α können の用法

意味が明らかである場合、本動詞を省略することもできます。

Sie **kann** Deutsch **sprechen**.
＝
Sie **kann** Deutsch.（彼女はドイツ語ができます）
ズィー　カン　ドイチュ

A

① Könnt ihr Fußball spielen?
ケント イーア フースバル シュピーレン

② Meine Schwester kann gut kochen.
マイネ シュヴェスター カン グート コッヘン

③ Können Sie die Tür schließen?
ケンネン ズィー ディ テューア シュリーセン

④ Kannst du tanzen?
カンスト ドゥー タンツェン

⑤ Das kann ich nicht verstehen.
ダス カン イヒ ニヒト フェアシュテーエン

14 話法の助動詞② müssen, dürfen, wollen

そろそろおいとましないといけません。

Ich muss langsam gehen.
イヒ　　ムス　　　ラングザーム　　　ゲーエン

これだけ

義務を表すmüssen、許可を表すdürfen、意志を表すwollenは、主語が単数の場合に不規則変化します。

① しないといけない (müssen) ich muss/du musst/er muss
イヒ ムス　ドゥー ムスト　エーア ムス

② してもよい (dürfen) ich darf/du darfst/er darf
イヒ ダルフ　ドゥー ダルフスト　エーア ダルフ

③ したい (wollen) ich will/du willst/er will
イヒ ヴィル　ドゥー ヴィルスト　エーア ヴィル

Q 単語をヒントに作文してみましょう。

❶ 私は私の部屋を掃除しないといけない。

部屋　　　　掃除する
Zimmer n, **putzen**
ツィンマー　　プッツェン

❷ 1つ質問をしてもいいですか？

質問する
eine Frage stellen
アイネ　フラーゲ　シュテレン

❸ 君は何を専攻したいの？

何を　　専攻する
was, studieren
ヴァス　シュトゥディーレン

答えと音声を確認しよう

078

müssen（～しなければならない）

ich イヒ	**muss** ムス	wir ヴィーア	müssen ミュッセン
du ドゥー	**musst** ムスト	ihr イーア	müsst ミュスト
er/sie/es エーア	**muss** ムス	sie ズィー	müssen ミュッセン

否定文では「～しなくてよい」の意味になります。

dürfen（～してもよい）、wollen（～したい）

dürfen（～してもよい）

ich イヒ	**darf** ダルフ	wir ヴィーア	dürfen デュルフェン
du ドゥー	**darfst** ダルフスト	ihr イーア	dürft デュルフト
er/sie/es エーア	**darf** ダルフ	sie ズィー	dürfen デュルフェン

否定文では「～してはいけない」の意味になります。

wollen（～したい）

ich イヒ	**will** ヴィル	wir ヴィーア	wollen ヴォレン
du ドゥー	**willst** ヴィルスト	ihr イーア	wollt ヴォルト
er/sie/es エーア	**will** ヴィル	sie ズィー	wollen ヴォレン

A

❶ Ich muss mein Zimmer putzen.
イヒ ムス マイン ツィンマー プッツェン

❷ Darf ich eine Frage stellen?
ダルフ イヒ アイネ フラーゲ シュテレン

❸ Was willst du studieren?
ヴァス ヴィルスト ドゥー シュトゥディーレン

まとめ

❶ しないといけない (müssen)　ich, er muss/du musst

❷ してもよい (dürfen)　　　 ich, er darf/du darfst

❸ したい (wollen)　　　　　ich, er will/du willst

Q 単語をヒントに作文してみましょう。

❶ ここで写真を撮ってもいいですか？

ここで 写真を撮る
hier, ein Foto machen
ヒーア　アイン　フォート　マッヘン

❷ 君は日曜日にも働かなくてはいけないの？

日曜日にも　　　　働く
auch am Sonntag, arbeiten
アオホ　アム　ゾンターク　アルバイテン

❸ 彼女はドイツで化学を学びたいと思っている。

ドイツで　　化学　学ぶ
in Deutschland, Chemie, studieren
イン ドイチュラント ヒェミー シュトゥディーレン

❹ 君たちは何も支払う必要はないよ。

何も〜ない 支払う
nichts, bezahlen
ニヒツ　　　ベツァーレン

❺ (君たちは) ここでタバコを吸ってはいけないよ。

タバコを吸う
rauchen
ラオヘン

答えと音声を確認しよう

+α

möchten
(〜したい、〜がほしい)

丁寧な意志を表します。

ich イヒ	**möchte** メヒテ	wir ヴィーア	möchten メヒテン
du ドゥー	**möchtest** メヒテスト	ihr イーア	möchtet メヒテット
er/sie/es エーア	**möchte** メヒテ	sie ズィー	möchten メヒテン

＊厳密にはmöchtenという動詞ではなく、助動詞mögenの一種（接続法II式という形で、丁寧な表現をする際に使う）。

Ich möchte einen Kaffee. (コーヒーを1杯ください)
イヒ メヒテ アイネン カフェー

Möchten Sie etwas trinken?
メヒテン ズィー エトヴァス トリンケン

(あなたは何かお飲みになりたいですか？)

A

❶ Darf ich hier ein Foto machen?
ダルフ イヒ ヒーア アイン フォート マッヘン

❷ Musst du auch am Sonntag arbeiten?
ムスト ドゥー アオホ アム ゾンターク アルバイテン

❸ Sie will in Deutschland Chemie studieren.
ズィー ヴィル イン ドイチュラント ヒェミー シュトゥディーレン

❹ Ihr müsst nichts bezahlen.
イーア ミュスト ニヒツ ベツァーレン

❺ Ihr dürft hier nicht rauchen.
イーア デュルフト ヒーア ニヒト ラオヘン

話法の助動詞② müssen, dürfen, wollen

15 分離動詞と非分離動詞

その列車はもうすぐ発車します。

Der Zug fährt bald ab.
デア　ツーク　フェーアト　バルト　アップ

これだけ

Der Zug fährt bald ab.（その列車は間もなく発車します）
デア　ツーク　フェーアト バルト　アップ

動詞はfahrenではなく、分離動詞 **ab¦fahren**（発車する）。
後ろのfahrenの部分が人称変化して文の2番目に置かれ、ab（分離前綴りと呼ばれる）は切り離されて文末に移動する。

Fährt der Zug schon ab?（その列車はもう発車するのですか？）
フェーアト デア　ツーク　ショーン　アップ

Wann fährt der Zug ab?（その列車はいつ発車しますか？）
ヴァン　フェーアト デア　ツーク　アップ

＊分離動詞は、辞書ではab|fahrenのように記載されていますが、実際には"｜"を書く必要はありません。

Q 単語をヒントに作文してみましょう。

❶ そのバスはもうすぐ到着します。
＿＿＿＿＿＿＿＿＿＿＿＿＿＿＿＿＿

バス　　　到着する
Bus m **, an¦kommen**
ブス　　　アンコメン

❷ 君の列車はいつ到着しますか？
＿＿＿＿＿＿＿＿＿＿＿＿＿＿＿＿＿

いつ〜？
wann
ヴァン

❸ 私たちは5時にミュンヘンに着きます。
＿＿＿＿＿＿＿＿＿＿＿＿＿＿＿＿＿

5時に　　　　　ミュンヘンに
um 5 Uhr, in München
ウム フュンフ ウーア イン ミュンヒェン

答えと音声を確認しよう

代表的な分離前綴り

前綴りの意味がわかれば、動詞の意味を類推できることが多いです。

ab（分離・離脱）：**abfahren**（発車する）, **abgeben**（提出する）
アップ　　　　　　　アップファーレン　　　　　　アップゲーベン

an（接近）：**ankommen**（到着する）, **anschreiben**（板書する）
アン　　　　アンコメン　　　　　　　　アンシュライベン

auf（上へ）：**aufstehen**（起床する）, **auftreten**（出演する）
アオフ　　　　　アオフシュテーエン　　　　　アオフトレーテン

aus（外へ）：**ausreisen**（出国する）, **ausgehen**（外出する）
アオス　　　　　アオスライゼン　　　　　　アオスゲーエン

ein（進入）：**eintreten**（入る）, **einsteigen**（乗車する）
アイン　　　　アイントレーテン　　　　アインシュタイゲン

mit（一緒に）：**mitkommen**（一緒に来る）
ミット　　　　　　ミットコメン

分離動詞のアクセントは、必ず分離前綴りに置かれます。

語順

話法の助動詞を伴う場合、分離動詞は不定形で文末に置かれます。

Ich **stehe** um 6 Uhr **auf**. （私は6時に起きる）

Ich **muss** um 6 Uhr **aufstehen**.
イヒ　ムス　　ウム　ゼクス　ウーア　アオフシュテーエン
（私は6時に起きなくてはならない）

A

❶ Der Bus kommt bald an.
デア　ブス　コムト　バルト　アン

❷ Wann kommt dein Zug an?
ヴァン　コムト　ダイン　ツーク　アン

❸ Wir kommen um 5 Uhr in München an.
ヴィーア　コメン　ウム　フュンフ　ウーア　イン　ミュンヒェン　アン

分離動詞と非分離動詞

まとめ

❶ 分離前綴りは文の後ろへ移動。Der Zug **fährt ... ab**.

❷ 疑問文：動詞（fahren）＋主語…前綴り（ab）？
　　　　　疑問詞＋動詞（fahren）＋主語…前綴り（ab）？

❸ 話法の助動詞を伴う文：
　　主語＋話法の助動詞…分離動詞の不定形（ab¦fahren）．

Q 単語をヒントに作文してみましょう。

❶ 私たちは今晩外出します。

> 外出する　　今晩
> **aus¦gehen, heute Abend**
> アオスゲーエン　ホイテ アーベント

❷ 君も一緒に来るかい？

> 一緒に来る　　〜も
> **mit¦kommen, auch**
> ミットコメン　　アオホ

❸ その窓を開けていただけませんか？

> できる　窓　　　　開ける
> **können, Fenster ⓝ, auf¦machen**
> ケンネン　フェンスター　アオフマヘン

❹ いつまでに私はその宿題を提出
しないといけないのですか？

> いつまで 宿題　　　　提出する
> **bis wann, Hausaufgabe f , ab¦geben**
> ビス ヴァン　ハオスアオフガーベ　アップゲーベン

❺ 明日はワイン祭りが開催されます。

> 明日　　開催される　ワイン祭り
> **morgen, stattfinden, das Weinfest**
> モルゲン　シュタットフィンデン ダス ヴァインフェスト

答えと音声を確認しよう

+α 非分離前綴り

分離しない前綴りもあります。前綴りに続く動詞の強勢がそのまま非分離動詞の強勢になります。

be- [他動詞を作る]： **bekommen**（もらう）
ベ　　　　　　　　　　　　　　ベ**コン**メン

emp-, ent-（対抗・除去）： **empfehlen**（勧める）
エンプ　　エント　　　　　　　エンプ**フェー**レン

er-, ver- [形容詞の動詞化]： **erweitern**（拡大する）
エア　　フェア　　　　　　　　エア**ヴァイ**ターン

miss-（誤り）： **misslingen**（失敗する）
ミス　　　　　　　　　　　　　ミス**リン**ゲン

ge-（意味を強化）： **gefallen**（気に入る）
ゲ　　　　　　　　　　　　　　ゲ**ファ**レン

wider-（反対・対立）： **widersprechen**（矛盾する）
ヴィーダー　　　　　　　　　　ヴィーダーシュプ**レッ**ヒェン

zer-（分解・破壊）： **zerstören**（破壊する）
ツェア　　　　　　　　　　　　ツェアシュ**テー**レン

A

❶ Wir gehen heute Abend aus.
ヴィーア　ゲーエン　ホイテ　アーベント　アオス

❷ Kommst du auch mit?
コムスト　ドゥー　アオホ　ミット

❸ Können Sie das Fenster aufmachen?
ケンネン　ズィー　ダス　フェンスター　アオフマヘン

❹ Bis wann muss ich die Hausaufgabe abgeben?
ビス　ヴァン　ムス　イヒ　ディ　ハオスアオフガーベ　アップゲーベン

❺ Morgen findet das Weinfest statt.
モルゲン　フィンデット　ダス　ヴァインフェスト　シュタット

まとめのドリル 3

1 動詞を選んで人称変化させ、（　）に入れましょう。
[essen, sprechen, nehmen, werden, wissen]

① Johann (　　　　) Spanisch.
ヨハンはスペイン語を話します。

② Mein Vater (　　　　) bald 60 Jahre alt.
私の父はもうすぐ60歳になります。

③ (　　　　) du gern Sushi?
君はお寿司を食べるのは好き？

④ Wo ist das Café Bauer? –Tut mir Leid, das (　　　　) ich nicht.
カフェ「バウアー」はどこですか？―すみません、私は知りません。

⑤ Ich (　　　　) einen Kaffee. Und was (　　　　) du?
僕はコーヒーをもらうよ。君は何を注文する？

2 話法の動詞を選んで人称変化させ、（　）に入れましょう。
[dürfen, können, müssen, wollen]

① (　　　　) du Russisch?
君はロシア語できる？

② Hier (　　　　) Sie nicht parken.
（あなたは）ここに駐車してはいけません。

③ Ich (　　　　) das Schloss Neuschwanstein sehen.
私はノイシュヴァンシュタイン城が見たい。

④ Christoph (　　　　) noch im Büro arbeiten.
クリストフはまだオフィスで仕事をしないといけない。

3 分離動詞を選んで人称変化させ、適切な形にして文を完成させましょう。

[auf¦stehen, aus¦steigen, ein¦kaufen, zurück¦kommen]

＊zurück¦kommen：戻ってくる

① (　　　) du noch (　　　)?
君はまだ買い物をするの？

② Wir (　　　) in Kiel (　　　).
私たちはキールで下車します。

③ Wann (　　　) ihr morgen (　　　)?
君たちは明日いつ起きるの？

④ Ich (　　　) gleich (　　　).
（私は）すぐに戻って来るよ。

こたえ

1
① Johann **spricht** Spanisch.
② Mein Vater **wird** bald 60 Jahre alt.
③ **Isst** du gern Sushi?
④ Wo ist das Café Bauer? –Tut mir Leid, das **weiß** ich nicht.
⑤ Ich **nehme** einen Kaffee. Und was **nimmst** du?

2
① **Kannst** du Russisch?
② Hier **dürfen** Sie nicht parken.
③ Ich **will** das Schloss Neuschwanstein sehen.
④ Christoph **muss** noch im Büro arbeiten.

3
① **Kaufst** du noch **ein**?
② Wir **steigen** in Kiel **aus**.
③ Wann **steht** ihr morgen **auf**?
④ Ich **komme** gleich **zurück**.

087

改札口はなくても切符は買おう

コラム 3

　ドイツで電車に乗ろうとすると、改札口がないのに驚くかもしれません。地下鉄(U-Bahn)も、市内電車(S-Bahn)も、特急列車のICEやICも、改札なしで乗車できてしまいます。それなら、切符は買わなくてもいいのか？　いえいえ、切符は必ず買ってください。

　長距離列車に乗れば、必ず乗務員が検札に来ますし、地下鉄や市内電車には、時々検札係が乗り込んで来て抜き打ちチェックをします。その際に有効な乗車券を提示できなければ、次の駅で降ろされて罰金（多くの場合40ユーロ）を請求されます。検札係が乗り込んで来ないように祈りながら、あるいはいつ検札が来るのかビクビクしながら移動するのではなく、どうかちゃんと切符を買って、堂々と電車に乗ってください。

　切符のシステムは街によって異なりますが、多くの場合、購入した切符を、券売機の近くにある打刻機(Entwerter)に挿入して日時や駅名を打刻する必要があります（ベルリン、ミュンヘンなど）。切符を持っていても打刻していないと不正乗車とみなされるので注意が必要です。また、フランクフルトなど一部の街では、切符を購入する時点で日時が印字されるため打刻の必要がありません。わからないときは、観光案内所やホテルのフロントにたずねてみるとよいでしょう。

　ドイツの公共交通機関の特徴であり長所でもあるのが、市内電車や地下鉄、トラムやバスなどの異なる事業体を統合した運輸連合(Verkehrsverbund)が組織されていて、共通の運賃体系を採用していることです。そのため、1枚の切符で電車とバスと地下鉄を乗り継ぐことも可能で、移動にあまり費用がかかりません。またサッカーのチケットに、スタジアムまでの電車やバスの往復切符が付いていることもあり、大勢の人が移動する際の公共交通機関の利用を促しています。

STEP 4

16 前置詞① 場所を表す前置詞

私たちはベルリンへ行きます。

Wir fahren nach Berlin.
ヴィーア　ファーレン　ナーハ　ベルリーン

これだけ

～から	aus ＋国・都市	aus Bonn（ボンから） アオス ボン
～へ	nach ＋国・都市	nach Berlin（ベルリンへ） ナーハ ベルリーン
～で(に)	in ＋国・都市	in München（ミュンヘンで） イン ミュンヒェン

Q 単語をヒントに作文してみましょう。

❶ 私はボンから来ました。

_____

来る　　　ボンから
kommen, aus Bonn
コンメン　　アオス ボン

❷ 私たちはベルリンへ（飛行機で）行きます。

_____

飛ぶ　　　ベルリンへ
fliegen, nach Berlin
フリーゲン　ナーハ ベルリーン

❸ 彼はミュンヘンに住んでいます。

_____

住む　　　ミュンヘンに
wohnen, in München
ヴォーネン　イン ミュンヒェン

答えと音声を確認しよう

もっと1 3格(〜で)と4格(〜へ)

前置詞によって、3格をとるもの、4格をとるものがあります。両方をとるものもあり、**状態を表す場合は3格、ある方向に動作が向かう場合は4格**になります。

		3格(〜で)	4格(〜へ)
in +	男性	**im** Garten (公園で) イム ガルテン	**in den** Garten (公園へ) イン デン ガルテン
	女性	**in der** Stadt (街で) イン デア シュタット	**in die** Stadt (街へ) イン ディ シュタット
	中性	**im** Museum (美術館で) イム ムゼーウム	**ins** Museum (美術館へ) インス ムゼーウム

特定の前置詞と定冠詞は融合します。

in dem = im, in das = ins, an dem = am など。
イン デム　イム　イン ダス　インス　アン デム　アム

もっと2 その他の3格・4格をとる前置詞

～の上方(で／へ)	**über** ユーバー	～の上(で／へ)	**auf** アオフ
～の下方(で／へ)	**unter** ウンター	～沿い(で／へ)	**an** アン
～の隣(で／へ)	**neben** ネーベン	～の前(で／へ)	**vor** フォーア
～の後ろ(で／へ)	**hinter** ヒンター	～と～の間(に／へ)	**zwischen** ツヴィッシェン

A

① Ich komme aus Bonn.
イヒ コンメ アオス ボン

② Wir fliegen nach Berlin.
ヴィーア フリーゲン ナーハ ベルリーン

③ Er wohnt in München.
エア ヴォーント イン ミュンヒェン

まとめ

～から **aus** 　　～へ **nach** 　　～で(に) **in**
～の上方(で/へ) **über** 　　～の上(で/へ) **auf**
～の下方(で/へ) **unter** 　　～沿い(で/へ) **an**
～の隣(で/へ) **neben** 　　～の前(で/へ) **vor**
～の後ろ(で/へ) **hinter** 　　～と～の間(に/へ) **zwischen**

❶「状態」は3格、「ある方向への動作」は4格で表す。

❷ 前置詞と定冠詞の融合：in dem → im, in das → ins

Q 日本語文を参考に文を完成させましょう。

❶ その街は海辺にある。

ある　～に　海辺
liegen, an, Strand m
リーゲン　アン　シュトラント

❷ 彼は海辺に行く。

行く　～に　海辺
fahren, an, Strand m
ファーレン　アン　シュトラント

❸ その新聞は机の上にある。

新聞　ある　～の上に　机
Zeitung f **, sein, auf, Tisch** m
ツァイトゥング　ザイン　アオフ　ティッシュ

❹ 私はその新聞を机の上に置く。

置く　～の上に　机
legen, auf, Tisch m
レーゲン　アオフ　ティッシュ

❺ 彼女は鏡の前に立っている。

立っている　～の前に　鏡
stehen, vor, Spiegel m
シュテーエン　フォーア　シュピーゲル

答えと音声を確認しよう

+α その他の前置詞

	3格	4格
bei バイ	(人)のもとで、(会社)で	—
durch ドゥルヒ	—	〜を通って、通り抜けて
um ウム	—	〜の周りで、周りに
von フォン	〜から、〜の	—
zu ツー	〜へ、向かって	—

A

❶ Die Stadt liegt am Strand.
ディ シュタット リークト アム シュトラント

❷ Er fährt an den Strand.
エーア フェーアト アン デン シュトラント

❸ Die Zeitung ist auf dem Tisch.
ディ ツァイトゥング イスト アオフ デム ティッシュ

❹ Ich lege die Zeitung auf den Tisch.
イヒ レーゲ ディ ツァイトゥング アオフ デン ティッシュ

❺ Sie steht vor dem Spiegel.
ズィー シュテート フォーア デム シュピーゲル

17 前置詞②　時を表す前置詞

日曜日には10時に起きます。

Am Sonntag stehe ich um 10 Uhr auf.
アム　ゾンターク　シュテーエ　イヒ　ウム　ツェーン　ウーア　アオフ

これだけ

～月に	im ＋月	im Mai イム マーイ	5月に
～曜日に	am ＋曜日	am Sonntag アム ゾンターク	日曜日に
～時に	um ＋時間	um 10 Uhr ウム ツェーン ウーア	10時に

（＊詳しい時刻の表現→22課）

Q 単語をヒントに作文してみましょう。

❶ 週末にあなたは何をしますか？

する　　～に 週末
machen, an, Wochenende n
マッヘン　アン ヴォッヘンエンデ

❷ 土曜日に私は8時に起きます。

～に 土曜日　　　8時に
an, Samstag m, um 8 Uhr
アン ザムスターク　ウム アハト ウーア

❸ 7月に私は両親を訪ねます。

～に 7月 訪ねる　　私の両親
in, Juli m besuchen, meine Eltern
イン ユーリ ベズーヘン　マイネ エルターン

答えと音声を確認しよう

094

時を表す前置詞 🔊

ab（無冠詞で）：〜から　　**ab Montag**（月曜日から）
アップ　　　　　　　　　　　アップ モンターク

bei（+3格）：〜の際に　　**beim Essen**（食事の際）
バイ　　　　　　　　　　　　バイム　エッセン

nach（+3格）：〜の後で　　**nach dem Essen**（食事の後で）
ナーハ　　　　　　　　　　　ナーハ　デム　エッセン

seit（+3格）：〜以来（ずっと）　**seit einer Woche**（1週間前から）
ザイト　　　　　　　　　　　　ザイト　アイナー　ヴォッヘ

vor（+3格）：〜の前に　　**vor der Arbeit**（仕事の前に）
フォーア　　　　　　　　　　フォーア　デア　アルバイト

その他の前置詞 🔊

für（+4格）：〜のために、〜にとって、〜に賛成して
フューア

gegen（+4格）：〜に反対して
ゲーゲン

mit（+3格）：〜（交通手段）で、〜（人）と一緒に
ミット

ohne（たいてい無冠詞で）：〜なしで、〜抜きで
オーネ

von 〜 bis 〜（たいてい無冠詞で）：〜から〜まで
フォン　　ビス

A

❶ Was machen Sie am Wochenende?
ヴァス マッヘン ズィー アム ヴォッヘンエンデ

❷ Am Samstag stehe ich um 8 Uhr auf.
アム ザムスターク シュテーエ イヒ ウム アハト ウーア アオフ

❸ Im Juli besuche ich meine Eltern.
イム ユーリ ベズーヘ イヒ マイネ エルターン

まとめ

〜月に	**im** (=in+dem) ＋月
〜曜日に	**am** (=an+dem) ＋曜日
〜時に	**um** ○ **Uhr**

ab（無冠詞で）「〜から」　　**bei**「〜の際に」
nach「〜の後で」　　　　　　**seit**「〜以来（ずっと）」
vor「〜の前に」　　　　　　　**von 〜 bis 〜**「〜から〜まで」

Q 単語をヒントに作文してみましょう。

❶ 私の父はその計画に賛成だ。

　父　　　　　賛成である 計画
　Vater m, **für**, **Plan** m
　ファーター　　フューア プラーン

❷ ドイツ語は私にとって難しい。

　ドイツ語 である 〜にとって 難しい
　Deutsch, sein, für, schwer
　ドイチュ ザイン フューア シュヴェーア

❸ 私は地下鉄で街に出かけます。

　行く 〜で 地下鉄 〜に 街
　fahren, mit, U-Bahn f **, in, Stadt** f
　ファーレン ミット ウーバーン イン シュタット

❹ 君は私と一緒に来る？

　来る　　　　一緒に
　kommen, mit
　コンメン　　ミット

❺ 君はミルクなしでコーヒーを飲むの？

　飲む コーヒー 〜なしで ミルク
　trinken, Kaffee, ohne, Milch
　トリンケン カフェー オーネ ミルヒ

答えと音声を確認しよう

+α 曜日・月

曜日、月、季節名は男性名詞です。

日曜日：**Sonntag** ゾンターク　月曜日：**Montag** モンターク　火曜日：**Dienstag** ディーンスターク

水曜日：**Mittwoch** ミットヴォホ　木曜日：**Donnerstag** ドナスターク　金曜日：**Freitag** フライターク

土曜日：**Samstag** ザムスターク（**Sonnabend** ゾンアーベント　主に北ドイツで）

1月：**Januar** ヤヌアール　2月：**Februar** フェブルアール　3月：**März** メルツ

4月：**April** アプリル　5月：**Mai** マイ　6月：**Juni** ユーニ

7月：**Juli** ユーリ　8月：**August** アオグスト　9月：**September** ゼプテンバー

10月：**Oktober** オクトーバー　11月：**November** ノヴェンバー　12月：**Dezember** デツェンバー

A

❶ Mein Vater ist für den Plan.
マイン ファーター イスト フューア デン プラーン

❷ Deutsch ist für mich schwer.
ドイチュ イスト フューア ミヒ シュヴェーア

❸ Ich fahre mit der U-Bahn in die Stadt.
イヒ ファーレ ミット デア ウーバーン イン ディ シュタット

❹ Kommst du mit mir?
コムスト ドゥー ミット ミーア

❺ Trinkst du Kaffee ohne Milch?
トリンクスト ドゥー カフェー オーネ ミルヒ

18 再帰動詞と再帰代名詞

彼はとても怒っています。

Er ärgert sich sehr.
エーア　エルガート　ズィヒ　ゼーア

これだけ

主語自身を目的語にし「自分を〜させる＝自分が〜する」を表します。
(ärgernは「人を怒らせる」、sich ärgernで「自分が怒る」)

語順　：　**主語＋再帰動詞＋sich**（＋目的語など）または
　　　　　目的語など＋**再帰動詞＋主語＋sich**

再帰動詞は再帰代名詞を伴い、再帰代名詞sichは人称変化します。

ich	du	er/sie/es	wir	ihr	sie	Sie
mich	dich	sich	uns	euch	sich	sich
ミヒ	ディヒ	ズィヒ	ウンス	オイヒ	ズィヒ	ズィヒ

Q 単語をヒントに作文してみましょう。

❶ 私は今怒っている。

❷ 彼らはなおも怒っている。

❸ 彼女はもう怒っていない。

怒っている　今
***sich* ärgern, jetzt**
ズィヒ エルガーン　イェツット

なおも
immer noch
インマー ノホ

もはや〜ない
nicht mehr
ニヒト メーア

答えと音声を確認しよう

疑問文の作り方

再帰動詞＋主語＋*sich*（＋目的語）？
疑問詞＋**再帰動詞**＋主語＋*sich*（＋目的語）？

sich treffen（会う）
ズィヒ　トレッフェン

Wir treffen uns heute Abend.（私たちは今晩会います）

Heute Abend treffen wir uns.

→ Treffen wir uns heute Abend?（私たちは今晩会うんだっけ？）
　トレッフェン ヴィーア ウンス ホイテ　アーベント

→ **Wann** treffen wir uns?（いつ私たちは会いましょうか？）
　ヴァン　　トレッフェン ヴィーア ウンス

代表的な再帰動詞

sich erkälten（風邪をひく）　＊他動詞としての用法はない。
ズィヒ　エアケルテン

sich setzen（座る）
ズィヒ　ゼッツェン

【前置詞と結びついて使われる再帰動詞】

sich erinnern **an** ＋ 4格（～を覚えている、思い出す）
ズィヒ　エアインナーン　アン

sich interessieren **für** ＋ 4格（～に興味がある）
ズィヒ　インテレスィーレン　　フューア

sich freuen **über** ＋ 4格（～を喜んでいる）
ズィヒ　フロイエン　ユーバー

sich freuen **auf** ＋ 4格（～を楽しみにしている）
ズィヒ　フロイエン　アオフ

sich bedanken **bei** ＋ 3格（～に感謝している）
ズィヒ　ベダンケン　　　バイ

A

❶ Ich ärgere mich jetzt.
イヒ エルゲレ ミヒ イェッツト

❷ Sie ärgern sich immer noch.
ズィー エルガーン ズィヒ インマー ノホ

❸ Sie ärgert sich nicht mehr.
ズィー エルガート ズィヒ ニヒト メーア

まとめ

❶ 再帰代名詞は、3人称と親称2人称Sieではsich、ほかは人称代名詞と同じ形。

1格	ich	du	er/sie/es	wir	ihr	sie	Sie
3格	mir	dir	**sich**	uns	euch	**sich**	**sich**
4格	mich	dich	**sich**	uns	euch	**sich**	**sich**

(参考：人称代名詞の変化)

3格			ihm ihr ihm			ihnen	Ihnen
4格			ihn sie es			sie	Sie

❷ 前置詞と結びついて使われる再帰動詞

　sich erinnern an ＋ 4格（〜を覚えている）、
　sich interessieren für ＋ 4格（〜に興味がある）など。

Q 単語をヒントに作文してみましょう。

❶ 私たちは心からあなたに感謝しています。

> 〜に感謝する　心から
> *sich* bedanken bei+3格 , herzlich
> ズィヒ ベダンケン バイ　ヘルツリヒ

❷ 彼女は環境政策に取り組んでいます。

> 〜に取り組む　環境政策
> *sich* beschäftigen mit+3格, Umweltpolitik
> ズィヒ ベシェフティゲン ミット ウムヴェルトポリティーク

❸ 私の子供はよく風邪をひきます。

> 私の子供　風邪をひく　よく
> mein Kind, *sich* erkälten, oft
> マイン キント ズィヒ エアケルテン オフト

❹ あなたはワーグナーに興味があるのですか？

> 〜に興味がある　ワーグナー
> *sich* interessieren für+4格, Wagner
> ズィヒ インテレスィーレン フューア ヴァーグナー

答えと音声を確認しよう

+α 他動詞と再帰動詞の違い

setzen が「人を座らせる」を意味するのに対し、sich setzen は「自分が座る」という意味になります。

他動詞：

Er setzt **ihn** auf den Stuhl. (彼(A)が彼(B)を椅子に座らせる)
エア ゼッツト イーン アオフ デン シュトゥール
＊主語(彼A)と目的語(彼B)は別人。

再帰動詞：

Er setzt **sich** auf den Stuhl. (彼(A)は椅子に座る)
エア ゼッツト ズィヒ アオフ デン シュトゥール
＊主語と目的語が同一。彼(A)自身が椅子に座ることを表す。

A

❶ Wir bedanken uns herzlich bei Ihnen.
ヴィーア ベダンケン ウンス ヘルツリヒ バイ イーネン

❷ Sie beschäftigt sich mit Umweltpolitik.
ズィー ベシェフティクト ズィヒ ミット ウムヴェルトポリティーク

❸ Mein Kind erkältet sich oft.
マイン キント エアケルテット ズィヒ オフト

❹ Interessieren Sie sich für Wagner?
インテレスィーレン ズィー ズィヒ フューア ヴァーグナー

19 命令形と勧誘の表現

どうかゆっくり話してください。

Sprechen Sie bitte langsam!
シュプレッヒェン　ズィー　ビッテ　ラングザーム

これだけ

① 動詞を文頭に
② duに：動詞の2人称単数の人称変化形から-stを取ったもの
　　ihrに：動詞の2人称複数の人称変化形
　　Sieに：動詞の不定形+Sie

duに対し「ゆっくり話せ！」：**Sprich** langsam!
　　　　　　　　　　　　　シュプリヒ　ラングザーム

ihrに対し「ゆっくり話せ！」：**Sprecht** langsam!
　　　　　　　　　　　　　シュプレヒト　ラングザーム

Sieに対し「ゆっくり話しなさい！」：**Sprechen Sie** langsam!
　　　　　　　　　　　　　　　　シュプレッヒェン　ズィー　ラングザーム

Q 動詞を命令形にしてみましょう。

❶ 君、宿題をやりなさい！

する　　君の宿題
machen, deine Hausaufgaben
マッヘン　　ダイネ　ハオスアオフガーベン

❷ 君たち、僕を手伝ってよ。

手伝う
helfen
ヘルフェン

❸ 私に領収書をください。（Sieに対し）

与える　　領収書
geben, eine Quittung
ゲーベン　　アイネ　クヴィットゥング

答えと音声を確認しよう

作り方

du に対する命令：人称代名詞を伴わず、動詞は2人称単数(du)の人称変化形から -st を取ったもの。

sprechen（話す） → du sprich**st** → **Sprich**!
　　　　　　　　　　ドゥー シュプリヒスト　　シュプリヒ

ウムラウトを伴う不規則変化の場合、ウムラウトがなくなります。

fahren（行く） → du f**ä**hr**st** → **Fahr**!
　　　　　　　　　　ドゥー フェーアスト　　ファール

ihr に対する命令：人称代名詞を伴わず、動詞は2人称複数(ihr)の人称変化形。

sprechen → ihr sprecht → Sprecht!
　　　　　　　イーア シュプレヒト　　シュプレヒト

Sie に対する命令：動詞の不定形 + Sie

sprechen → Sprechen Sie!
　　　　　　　シュプレッヒェン ズィー

sein の命令形（不規則変化）

du に対しては **sei** に、ihr に対しては **seid** に、Sie に対しては **seien Sie** になります。

「そんなに気を悪くしないで」

（du に対し）　Sei nicht so böse!
　　　　　　　　ザイ　ニヒト　ゾー ベーゼ

（ihr に対し）　Seid nicht so böse!
　　　　　　　　ザイト　ニヒト　ゾー ベーゼ

（Sie に対し）　Seien Sie (bitte) nicht so böse!
　　　　　　　　ザイエン　ズィー　ビッテ　ニヒト　ゾー ベーゼ

A

❶ Mach deine Hausaufgaben!
マッハ ダイネ ハオスアオフガーベン

❷ Helft mir!
ヘルフト ミーア

❸ Geben Sie mir (bitte) eine Quittung!
ゲーベン ズィー ミーア ビッテ アイネ クヴィットゥング

まとめ

❶ 命令形は3種類。相手（du, ihr, Sie）により変わる。

❷ du に対し「ゆっくり話して！」：Sprich langsam!
　ihr に対し：Sprecht langsam!
　Sie に対し：Sprechen Sie langsam!

❸ sein の命令形
　（du に）**sei**,（ihr に）**seid**,（Sie に）**seien Sie**

Q 単語をヒントに作文してみましょう。

❶ 時間通りに来てください。（Sie に対して）

来る	時間通りに
kommen, pünktlich	
コンメン　ピュンクトリヒ	

❷ 静かにしてくれ。（ihr に対して）

いる	静かな
sein, ruhig	
ザイン　ルーイヒ	

❸ （僕に）君の携帯電話番号をくれ。（du に対して）

与える　携帯電話番号
geben, Handynummer f
ゲーベン　ヘンディヌマー

❹ あまりたくさんお酒を飲むな。（ihr に対して）

飲む　あまり～ない　お酒
trinken, nicht so viel, Alkohol
トリンケン　ニヒト　ゾー　フィール　アルコホール

❺ おやすみ！（よく眠ってね！：du に対し）

眠る　よく
schlafen, gut
シュラーフェン　グート

答えと音声を確認しよう

+α 分離動詞、再帰動詞の命令形

分離動詞の命令形

分離動詞の場合、命令形においても、前綴りは文末に置かれます。

「明日は早く起きなさい！」auf¦stehen

duに対し：**Steh** morgen früh **auf**!
シュテー　モルゲン　フリュー　アオフ

ihrに対し：**Steht** morgen früh **auf**!
シュテート　モルゲン　フリュー　アオフ

Sieに対し：**Stehen Sie** morgen früh **auf**!
シュテーエン　ズィー　モルゲン　フリュー　アオフ

再帰動詞の命令形

再帰代名詞は相手に応じて変化させ、動詞の直後に置きます。

「座りなさい！」*sich* setzen（座る）

duに対し：**Setz dich**!
ゼッツ　ディヒ

ihrに対し：**Setzt euch**!
ゼッツト　オイヒ

Sieに対し：**Setzen Sie sich**!
ゼッツェン　ズィー　ズィヒ

A

❶ Kommen Sie (bitte) pünktlich!
コンメン ズィー ビッテ ピュンクトリヒ

❷ Seid ruhig!
ザイト ルーイヒ

❸ Gib mir deine Handynummer!
ギープ ミーア ダイネ ヘンディヌマー

❹ Trinkt nicht so viel Alkohol!
トリンクト ニヒト ゾー フィール アルコホール

❺ Schlaf gut!
シュラーフ グート

20 形容詞

よいご旅行を願っています。

Ich wünsche Ihnen eine gute Reise.
イヒ　　ヴュンシェ　　イーネン　アイネ　グーテ　　ライゼ

これだけ

形容詞は、名詞を修飾するとき、名詞の性と格に応じて語尾変化します。

- 「〜を」（4格）：形容詞の前に不定冠詞があるとき

  einen + -en, eine + -e, ein + -es

Er kauft einen schwarzen Anzug.
エーア カオフト アイネン シュヴァルツェン アンツーク
（彼は1着の黒いスーツを買う）

Ich möchte eine blaue Krawatte kaufen.
イヒ　メヒテ　　アイネ　ブラオエ　クラヴァッテ　カオフェン
（私は青いネクタイを1本買いたい）

Sie trägt ein schickes Hemd.
ズィー トレークト アイン シッケス　　ヘムト
（彼女はおしゃれなシャツを着ている）

Q　単語をヒントに作文してみましょう。

❶ 私は（1着の）茶色のズボンを探しています。

探す　　茶色の　ズボン
suchen, braun, Hose f
ズーヘン　ブラオン　ホーゼ

❷ 彼女は白いTシャツを買います。

買う　　白い　　Tシャツ
kaufen, weiß, T-Shirt n
カオフェン ヴァイス ティーシャート

❸ 私たちは新しいパソコンを1台必要としている。

必要とする　新しい　パソコン
brauchen, neu, Computer m
ブラオヘン　ノイ　コンピューター

答えと音声を確認しよう

定冠詞(類)＋形容詞＋名詞

定冠詞を伴う場合、**男性・女性・中性の１格と女性・中性の４格は -e、それ以外は -en** と覚えます。

	男性	女性	中性	複数
１格	-e	-e	-e	-en
２格	-en	-en	-en	-en
３格	-en	-en	-en	-en
４格	-en	-e	-e	-en

Die schwarz**e** Jacke des alt**en** Mannes ist neu.
ディ　シュヴァルツェ　ヤッケ　デス　アルテン　マンネス　イスト ノイ
(その年配の男性の黒いジャケットは新しい)

不定冠詞(類)＋形容詞＋名詞

-en となる部分は「もっと①」と同じですが、-e だった部分に**定冠詞の語尾**が現れます。

	男性	女性	中性	複数
１格	-er	-e	-es	-en
２格	-en	-en	-en	-en
３格	-en	-en	-en	-en
４格	-en	-e	-es	-en

Ihr neu**er** Freund hat ein klein**es** Sommerhaus in Bayern.
イーア ノイアー フロイント　ハット アイン クライネス　ゾンマーハオス　イン バイアーン
(彼女の新しいボーイフレンドはバイエルンに小さな別荘を持っている)

A

❶ Ich suche eine braune Hose.
イヒ ズーヘ アイネ ブラオネ ホーゼ

❷ Sie kauft ein weißes T-Shirt.
ズィー カオフト アイン ヴァイセス ティーシャート

❸ Wir brauchen einen neuen Computer.
ヴィーア ブラオヘン アイネン ノイエン コンピューター

まとめ

❶ 名詞にかかる形容詞は語尾が変化する。

❷ 語尾変化のカギは鍵（鍵の形の中では語尾が -en）

定冠詞（類）＋形容詞＋名詞

	男性	女性	中性	複数
1格	-e	-e	-e	-en
2格	-en	-en	-en	-en
3格	-en	-en	-en	-en
4格	-en	-e	-e	-en

不定冠詞（類）＋形容詞＋名詞

	男性	女性	中性	複数
1格	-er	-e	-es	-en
2格	-en	-en	-en	-en
3格	-en	-en	-en	-en
4格	-en	-e	-es	-en

Q 単語をヒントに作文してみましょう。

❶ ここに1着の黒いスーツがあります。
Hier

> ある　黒い　スーツ
> **sein, schwarz, Anzug** m
> ザイン　シュヴァルツ　アンツーク

❷ 私は君の水色の靴下をおしゃれだと思う。

> 思う　君の　水色　靴下　おしゃれな
> **finden, dein, hellblau, Socken** pl**, schick**
> フィンデン ダイン ヘルブラオ ゾッケン シック

❸ よい週末を。（私はあなたによい週末を願っています）

> 願う　よい　週末
> **wünschen, schön, Wochenende** n
> ヴュンシェン シェーン ヴォッヘンエンデ

❹ そのフランスのワインはいくらですか？

> フランスの　ワイン
> **französisch, Wein** m
> フランツェーズィッシュ　ヴァイン

❺ 白いブラウスを着たその女性は私の妹です。

> 女性　～を着た　白い　ブラウス　妹
> **Frau** f **, mit, weiß, Bluse** f **, Schwester** f
> フラオ ミット ヴァイス ブルーゼ シュヴェスター

答えと音声を確認しよう

+α 冠詞がつかない場合

冠詞を伴わないときの形容詞の語尾変化は以下の通りです。

無冠詞＋形容詞＋名詞

	男性	女性	中性	複数
1格	-er	-e	-es	-e
2格	**-en**	-er	**-en**	-er
3格	-em	-er	-em	-en
4格	-en	-e	-es	-e

Ich trinke gern schwarz**en** Tee und heiß**e** Schokolade.
イヒ トリンケ ゲルン シュヴァルツェン テー ウント ハイセ ショコラーデ

（私は紅茶とココアが好きです）

A

❶ Hier ist ein schwarzer Anzug.
ヒーア イスト アイン シュヴァルツァー アンツーク

❷ Ich finde deine hellblauen Socken schick.
イヒ フィンデ ダイネ ヘルブラオエン ゾッケン シック

❸ Ich wünsche Ihnen ein schönes Wochenende.
イヒ ヴュンシェ イーネン アイン シェーネス ヴォッヘンエンデ

❹ Was kostet der französische Wein?
ヴァス コステット デア フランツェーズィッシェ ヴァイン

❺ Die Frau mit der weißen Bluse ist meine Schwester.
ディ フラウ ミット デア ヴァイセン ブルーゼ イスト マイネ シュヴェスター

まとめのドリル 4

1 前置詞を選んで（　）に入れましょう。
[bei, um, von, zu]

① Ich lese einen Roman (　　　) Hesse.
私はヘッセの小説を読んでいます。

② Es gibt einen Radweg (　　　) den See.
その湖の周りにはサイクリングロードがあります。

③ Sophie wohnt jetzt (　　　) ihrer Tante.
ゾフィーは今、彼女のおばのところに住んでいます。

④ Kannst du heute Abend (　　　) mir kommen?
今晩私のところに来てくれない？

2 再帰動詞を選んで適切な形にし、文を完成させましょう。
[*sich* ärgern, *sich* erinnern, *sich* freuen, *sich* treffen]

① Leon (　　　) (　　　) über die Verspätung des Zugs.
レオンは列車の遅延に腹を立てている。

② Wann (　　　) wir (　　　) heute Abend?
今晩（私たち）は何時に待ち合わせる？

③ (　　　) du (　　　) noch an mich?
私のこと、君はまだ覚えている？

④ Ich (　　　) (　　　) auf den Urlaub.
私は休暇を楽しみにしています。

3 [ ]の形容詞に語尾を補って（ ）に入れましょう。

① Ich wünsche Ihnen einen (　　　) Tag noch. [schön]
   引き続きよい日をお過ごしください。

② Diese (　　　) Krawatte gefällt mir sehr. [blau]
   この青いネクタイは私の気に入っています。

③ In Deutschland isst man normalerweise (　　　) Essen zu Abend. [kalt]
   ドイツでは通常、夕食に冷たい食事をとります。

④ Die Vorlesung findet im (　　　) Hörsaal statt. [groß]
   その講義は大講堂で行われます。

こたえ

1
① Ich lese einen Roman **von** Hesse.
② Es gibt einen Radweg **um** den See.
③ Sophie wohnt jetzt **bei** ihrer Tante.
④ Kannst du heute Abend **zu** mir kommen?

2
① Leon **ärgert sich** über die Verspätung des Zugs.
② Wann **treffen** wir **uns** heute Abend?
③ **Erinnerst** du **dich** noch an mich?
④ Ich **freue mich** auf den Urlaub.

3
① Ich wünsche Ihnen noch einen **schönen** Tag.
② Diese **blaue** Krawatte gefällt mir sehr.
③ In Deutschland isst man normalerweise **kaltes** Essen zu Abend.
④ Die Vorlesung findet im **großen** Hörsaal statt.

コラム4

目を見て挨拶：
これだけで対応がガラッと変わります

　ドイツを訪れた人の多くは、美しい自然や歴史的な街並み、整備されたインフラや治安のよさなどにおおむね満足して帰ってくるようですが、中にはお店やレストランでの店員の接客態度が悪かったと感じる方もいるようです。

　ドイツには、接客サービスの質の低さを自嘲的に表現したServicewüste（サービス砂漠。ドイツにはサービスの概念がないという意味）という俗語があります。もっとも、2006年のサッカー・ワールドカップのホスト国を務めたことで、以前に比べるとサービスの質は向上しており、「砂漠」という状況は解消されつつあると言えます。しかし、今でも時々、店員から不親切な対応を受けることもあり、ドイツ人もよく、あそこでこんな目にあった、などと接客サービスの不満を漏らしています。

　ただし、注意したいのは、店員の態度が悪くなる原因が、文化の違いから生じる誤解にあるのかもしれない、ということです。それが原因で、客も店員も「相手の態度がけしからん」と憤るような事態に陥っては、お互い不幸ですよね。そこで、ドイツで気持ちよく買い物や飲食ができるよう、ある秘訣をお教えします。それは、「目を見て挨拶する」という簡単なもの。

　空港の入国審査場でも、ホテルのフロントでも、スーパーのレジでも、レストランの入り口でも、ドイツでは必ず最初に相手の目を見て挨拶を交わします。ここで目を伏せたり、挨拶を返さなかったりすると、自分のことが無視されたという気分になり、これが接客態度にも影響することがあります。日本では、店員と目を合わせる必要もありませんが、ドイツでは挨拶を返す必要があるのです。重要なのは、これからサービスを提供してくれる人に「よろしくお願いします」という気持ちを伝えること。どうかぜひ、つたなくてもいいので、相手の目を見てGuten Morgen. / Guten Tag. / Guten Abend.と声をかけてみてください。きっと親切に対応してもらえるはずですよ。

STEP 5

21 比較級と最上級

富士山はツークシュピッツェよりも高い。
Der Berg Fuji ist höher als die Zugspitze.
デア　ベルク　フジ　イスト　ヘーアー　アルス　ディ　ツークシュピッツェ

＊Zugspitze：ドイツ最高峰の山で、標高2962メートル
＊höher は hoch（高い）の比較級

これだけ

形容詞の比較級は語尾に **-er** を、最上級は **-st** を加える。

原級	比較級	最上級
schön（美しい） シェーン	schön**er** シェーナー	schön**st** シェーンスト
klein（小さい） クライン	klein**er** クライナー	klein**st** クラインスト
billig（安い） ビリヒ	billig**er** ビリガー	billig**st** ビリクスト

① …よりも〜だ　　比較級 + als ...
② もっとも〜だ　　am 最上級 + en

Q 単語をヒントに作文してみましょう。

❶ フランツはエミールよりも小さい。
　　フランツ　小さい　エミール
　　Franz, klein, Emil
　　フランツ　クライン　エミール

❷ 豚肉は牛肉よりも安い。
　　豚肉　　　　　　牛肉
　　Schweinefleisch, Rindfleisch
　　シュヴァイネフライシュ　リントフライシュ

❸ 白雪姫は世界中で一番美しい。
　　白雪姫　　美しい　世界中で
　　das Schneewittchen, schön, auf der ganzen Welt
　　ダス シュネーヴィットヒェン　シェーン　アオフ デア ガンツェン ヴェルト

答えと音声を確認しよう

もっと1 不規則変化

ウムラウトがつくものや、不規則変化するものがある。

原級	比較級	最上級
hoch（高い）ホーホ	**höher** ヘーアー	**höchst** ヘーヒスト
alt（古い）アルト	**älter** エルター	**ältest** エルテスト
jung（若い）ユング	**jünger** ユンガー	**jüngst** ユングスト
groß（大きい）グロース	**größer** グレーサー	**größt** グレースト
gut（よい）グート	**besser** ベッサー	**best** ベスト
viel（多い）フィール	**mehr** メーア	**meist** マイスト

Der Montblanc ist am höchsten in den Alpen.
デア モンブラーン イスト アム ヘーヒステン イン デン アルペン
（モンブランはアルプスでもっとも高い）

もっと2 名詞にかかる場合

比較級や最上級が名詞にかかる場合、語尾変化をします。

Ich habe einen jüngeren Bruder.
イヒ ハーベ アイネン ユンゲレン ブルーダー
（私には弟が1人いる）

Berlin ist die größte Stadt in Deutschland.
ベルリーン イスト ディ グレーステ シュタット イン ドイチュラント
（ベルリンはドイツ最大の都市です）

A

❶ Franz ist kleiner als Emil.
フランツ イスト クライナー アルス エミール

❷ Schweinefleisch ist billiger als Rindfleisch.
シュヴァイネフライシュ イスト ビリガー アルス リントフライシュ

❸ Das Schneewittchen ist am schönsten auf der ganzen Welt.
ダス シュネーヴィットヒェン イスト アム シェーンステン アオフ デア ガンツェンヴェルト

まとめ

❶ 比較級は-er、最上級は-stを形容詞の後につける。

❷ 「…よりも〜だ」 比較級 + als …
「もっとも〜だ」 am 最上級 + en

❸ 比較級・最上級が名詞にかかるときは形容詞の変化語尾を加える。

Q 比較級または最上級を用いて文を完成させましょう。

❶ ザブリーナはエルケよりも背が高いの？
Ist Sabrina (　　　) als Elke?

> 背が高い
> **groß**
> グロース

❷ このクラスでは誰が一番上手に料理をするの？
Wer kocht am (　　　) in der Klasse?

> よい
> **gut**
> グート

❸ 転職後、彼は以前よりも多く稼ぐようになった。
Nach dem Arbeitswechsel verdient er (　　　) als vorher.

> 多い
> **viel**
> フィール

❹ 私は英語よりもドイツ語を上手に話します。
Ich spreche (　　　) Deutsch als Englisch.

> 話す 上手に ドイツ語 英語
> **sprechen, gut, Deutsch, Englisch**
> シュプレッヒェン グート ドイチュ エングリッシュ

❺ 一番重要なテーマは教育です。
Das (　　　) Thema ist die Erziehung.

> 重要な
> **wichtig**
> ヴィヒティヒ

+α 原級比較級

「…と同じくらい〜」 so + 原級 + wie ...
Emil ist **so** alt **wie** Otto.
エミール イスト ゾー アルト ヴィー オットー
（エミールはオットーと同じくらいの年齢だ）

「…ほど〜でない」 nicht so + 原級 + wie ...
Ich kann **nicht so** gut Englisch sprechen **wie** mein Bruder.
イヒ カン ニヒト ゾー グート エングリッシュ シュプレッヒェン ヴィー マイン ブルーダー
（私は私の兄ほどは上手に英語を話すことができない）

A

❶ Ist Sabrina größer als Elke?
イスト ザブリーナ グレーサー アルス エルケ

❷ Wer kocht am besten in der Klasse?
ヴェーア コホト アム ベステン イン デア クラッセ

❸ Nach dem Arbeitswechsel verdient er mehr als vorher.
ナーハ デム アルバイツヴェクセル フェアディーント エア メーア アルス フォーアヘーア

❹ Ich spreche besser Deutsch als Englisch.
イヒ シュプレッヒェ ベッサー ドイチュ アルス エングリッシュ

❺ Das wichtigste Thema ist die Erziehung.
ダス ヴィヒティクステ テーマ イスト ディ エアツィーウング

22 数字・時刻の表現

コンサートは8時に始まります。

Das Konzert beginnt um acht.
ダス　　コンツェルト　　ベギント　　ウム　　アハト

これだけ

21以上の数字：**1の位＋und＋10の位**
100以上の数字：**100の位＋1の位＋und＋10の位**

24(＝4+20) 　　**vierundzwanzig**
　　　　　　　　フィアウントツヴァンツィヒ

168(＝100+8+60)　**einhundertachtundsechzig**
　　　　　　　　アインフンダート　アハト　ウント ゼヒツィヒ

Q 次の数字を綴りで言ってみよう。

❶ 42

❷ 60

❸ 39

❹ 81

❺ 179

答えと音声を確認しよう

もっと1 「今～時です」

「今何時ですか？」
Wie spät ist es? / Wie viel Uhr ist es?
ヴィー シュペート イスト エス　ヴィー フィール ウーア イスト エス

「○時△分です」**Es ist ○ Uhr △.**
エス イスト　ウーア

Es ist acht Uhr.（8時です）／口語で：Es ist acht.
エス イスト アハト　ウーア　　　　　　　　　エス イスト アハト

Es ist neun Uhr zwanzig.（9時20分です）
エス イスト ノイン　ウーア　ツヴァンツィヒ

もっと2 「～分過ぎ（前）です」

「～分過ぎ」には **nach** を、「～分前」には **vor** を用います。
Es ist fünf nach eins.（1時5分過ぎです）
エス イスト フュンフ ナーハ アインス

Es ist zehn vor zwei.（2時10分前です＝1時50分です）
イス イスト ツェーン フォーア ツヴァイ

「15分」には **Viertel**、「半」には **halb** を使います。
Es ist Viertel nach eins.（1時15分です）
エス イスト フィアテル　ナーハ　アインス

Es ist halb zwei.（**1時半**です）＊2時まであと半時間の意。
エス イスト ハルプ　ツヴァイ

A

❶ zweiundvierzig
ツヴァイウントフィアツィヒ

❷ sechzig
ゼヒツィヒ

❸ neununddreißig
ノインウントドライスィヒ

❹ einundachtzig
アインウントアハツィヒ

❺ einhundertneunundsiebzig
アインフンダートノインウントズィープツィヒ

数字・時刻の表現

まとめ

❶ 21以上の数字：**1の位＋und＋10の位**

❷ 100以上の数字：**100の位＋1の位＋und＋10の位**

❸ 「〇時△分です」**Es ist 〇 Uhr △.**

❹ 「〜分過ぎ」には **nach** を、「〜分前」には **vor** を用いる。

❺ 「15分」には **Viertel**、「半」には **halb** を使う。

Q 時刻または日付を書き入れましょう。

❶ Wie spät ist es? [11:10]
Es ist

❷ Wie spät ist es? [7:45]
Es ist

❸ Wie spät ist es? [8:30]
Es ist

❹ Um wie viel Uhr beginnt die Party? [21:30]
（パーティーは何時に始まりますか？）
Die Party beginnt um

❺ Wann treffen wir uns morgen? [10:15]
（明日は何時に待ち合わせする？）
Wir sehen uns um

答えと音声を確認しよう

+α 時刻表現

「何時に〜しますか？」 **Um wie viel Uhr** ... ?
「いつ〜しますか？」 **Wann** ... ?
「〜時に」 **um** + 時刻

口語で「1時です」
Es ist **ein Uhr**. または Es ist **eins**. × eine Uhr
エス イスト アイン ウーア　　　エス イスト アインス

駅や空港などでは、0-24時を使って正確に時刻を表現します。
Der nächste Zug nach Wien fährt um 17 Uhr 28.
デア ネヒステ ツーク ナーハ ヴィーン フェーアト ウム ズィープツェーン ウーア アハトウントツヴァンツィヒ
（次のウィーン行の列車は17時28分発です）

また、13-24時を用いる時は、vor や nach、halb などの口語表現は使えません（20:30 を Es ist halb einundzwanzig. とは言わない）。

A

① Es ist zehn nach elf / elf Uhr zehn.
エス イスト ツェーン ナーハ エルフ　　エルフ ウーア ツェーン

② Es ist Viertel vor acht / sieben Uhr fünfundvierzig.
エス イスト フィアテル フォーア アハト　　ズィーベン ウーア フュンフウントフィアツィヒ

③ Es ist halb neun.
エス イスト ハルプ ノイン

④ Die Party beginnt um halb zehn.
ディ パールティ ベギント ウム ハルプ ツェーン

⑤ Wir sehen uns um Viertel nach zehn.
ヴィーア ゼーエン ウンス ウム フィアテル ナーハ ツェーン

23 副文

彼女がパーティーに来るかどうか、私は知らない。
Ich weiß nicht, ob sie zur Party kommt.
イヒ　ヴァイス　ニヒト　オップ　ズィー　ツーア　パールティ　コムト

これだけ

ob（〜かどうか）などを用いた文では、動詞を後ろに置きます。従属接続詞を用いた文を「副文」といい、カンマで「主文」と区別します。

Sie kommt zur Party.（彼女はパーティーに来る）

Ich weiß nicht, **ob** sie zur Party kommt.
（主文：私は知らない）　（副文：彼女がパーティーに来るかどうか）

Q 次の2つの文を、obを用いて1つにしてみよう。

❶ Er ist nicht sicher. / Seine Freundin liebt ihn wirklich.
（彼は確かではない）（ガールフレンドが彼を本当に愛しているか）
＿＿＿＿＿＿＿＿, ob ＿＿＿＿＿＿＿＿

❷ Ich weiß nicht. / Er ist wirklich krank.
（私にはわからない）（彼は本当に病気か）
＿＿＿＿＿＿＿＿, ob ＿＿＿＿＿＿＿＿

答えと音声を確認しよう

もっと1 従属接続詞

dass（〜ということ）　**obwohl**（〜にもかかわらず）
ダス　　　　　　　　　　　オプヴォール
weil（〜なので）　**seitdem**（〜以来）　**damit**（〜するために）など
ヴァイル　　　　　　ザイトデーム　　　　　　ダミット

疑問詞を用いて間接疑問文にすることもできます。

Wo ist die Post?（ポストはどこですか？）

Wissen Sie, **wo** die Post **ist**?
ヴィッセン　ズィー　ヴォー　ディ　ポスト　イスト
（ポストがどこにあるか、ご存じですか？）

もっと2 副文の語順

話法の助動詞を用いた副文では、話法の助動詞を後ろに置きます。

Elena kann gut Japanisch sprechen.
（エレナは日本語を上手に話せる）

　　　　dass Elena gut Japanisch sprechen kann.

Viele wissen nicht,
フィーレ　ヴィッセン　ニヒト

　　　　dass Elena gut Japanisch sprechen kann.
　　　　ダス　エレナ　グート　ヤパーニッシュ　シュプレッヒェン　カン
（多くの人は、エレナが日本語を上手に話せることを知らない）

A

❶ Er ist nicht sicher, ob seine Freundin ihn wirklich liebt.
エーア イスト ニヒト ズィッヒャー オップ ザイネ フロインディン イーン ヴィルクリヒ リープト

❷ Ich weiß nicht, ob er wirklich krank ist.
イヒ ヴァイス ニヒト オップ エーア ヴィルクリヒ クランク イスト

まとめ

❶ 従属接続詞には、dass, obwohl, weil, ob などがある。

❷ 副文では動詞（助動詞を含む場合は助動詞）を後置する。

❸ wo, wann, was などの疑問詞を用いて間接疑問文を作ることができる。

Q 単語をヒントに作文してみましょう。

❶ 私は、彼が今何をしているのかを知らない。
Ich weiß nicht,

今　する
jetzt, machen
イェッツト　マッヘン

❷ 彼女は宿題をしないといけないにもかかわらず、今晩外出する。
Sie geht

外出する　今晩
ausgehen, heute Abend,
アオスゲーエン　ホイテ　アーベント
宿題をする
die Hausaufgabe machen
ディ　ハオスアオフガーベ　マッヘン

❸ 彼は、彼女が彼をもう愛していないことがまだわかっていない。
Er weiß

まだ〜ない　もはや〜ない　愛する
noch nicht, nicht mehr, lieben
ノホ　ニヒト　ニヒト メーア　リーベン

❹ どこで（人々は）喫煙してもよいか、あなたはご存じですか？

人々　喫煙する
man, rauchen
マン　ラオヘン

答えと音声を確認しよう

+α 分離動詞の場合

分離動詞は、副文では人称変化させて１語で文末に置きます。

Wann kommt unser Zug in Nürnberg an?
（私たちの列車はいつニュルンベルクに到着しますか？）

Wissen Sie, wann unser Zug in Nürnberg ankommt?
ヴィッセン ズィー ヴァン ウンザー ツーク イン ニュルンベルク アンコムト
（私たちの列車がいつニュルンベルクに着くか、ご存じですか？）

A

❶ Ich weiß nicht, was er jetzt macht.
イヒ ヴァイス ニヒト ヴァス エーア イェッツト マハト

❷ Sie geht heute Abend aus, obwohl sie die Hausaufgabe machen muss.
ズィー ゲート ホイテ アーベント アオス オプヴォール ズィー ディ ハオスアオフガーベ マッヘン ムス

❸ Er weiß noch nicht, dass sie ihn nicht mehr liebt.
エーア ヴァイス ノホ ニヒト ダス ズィー イーン ニヒト メーア リープト

❹ Wissen Sie, wo man rauchen darf?
ヴィッセン ズィー ヴォー マン ラオヘン ダルフ

24 zu不定詞

外国語を勉強することは楽しいです。

Fremdsprachen zu lernen macht Spaß.
フレムトシュプラーヘン　ツー　レルネン　マハト　シュパース

これだけ

「zu＋動詞の不定形（zu不定詞）」で「〜すること」を表します。
英語のto不定詞句（to learn foreign languages）とは異なり、ドイツ語では目的語や副詞句をzu不定詞の前に置きます。
「外国語を学ぶこと」
× zu lernen Fremdsprachen → ○ Fremdsprachen **zu lernen**

分離動詞の場合は、zuを分離前綴りと基礎動詞の間に挟んで1語で書きます。
　　aufstehen（起床する）→ auf**zu**stehen

Q 単語をヒントに作文してみましょう。

❶ 映画館に行くことは楽しい。
_____
映画館へ　する　楽しみ
ins Kino, machen, Spaß
インス キーノ マッヘン　シュパース

❷ 本を読むことは大切だ。
_____
本　　読む　である 大切
Bücher, lesen, sein, wichtig
ビューヒャー レーゼン ザイン ヴィヒティヒ

❸ 列車内での喫煙は禁止されています。
_____
列車内で 喫煙する 禁止の である
im Zug, rauchen, verboten sein
イム ツーク ラオヘン フェアボーテン ザイン

答えと音声を確認しよう

もっと1 Es ist ..., zu不定詞

zu不定詞句は、形式主語esを使って表現することもできます。

Fremdsprachen zu lernen ist interessant.
（外国語を勉強することは面白い）
＝
Es ist interessant, **Fremdsprachen zu lernen**.
エス イスト インテレサント　　フレムトシュプラーヘン　　ツー レルネン

＊Esは、本来の主語Fremdsprachen zu lernenに先行する形式主語。

もっと2 「～する時間がない」「～する気がある」

zu不定詞を使って名詞を修飾することもできます。

Ich habe keine **Zeit**, jeden Tag mein Zimmer **aufzuräumen**.
イヒ ハーベ カイネ ツァイト イェーデン ターク マイン ツィンマー アオフツーロイメン
（私には、**毎日部屋を片付ける時間**がない）
＊zu不定詞句はZeitにかかる。

Hast du **Lust**, mit uns in die Kneipe **zu gehen**?
ハスト ドゥー ルスト　ミット ウンス イン ディ クナイペ　　ツー ゲーエン
（君は、**私たちと一緒に居酒屋に行く気**はある？）
＊zu不定詞句はLustにかかる。

A

❶ Ins Kino zu gehen macht Spaß.
インス キーノ ツー ゲーエン マハト シュパース

❷ Bücher zu lesen ist wichtig.
ビューヒャー ツー レーゼン イスト ヴィヒティヒ

❸ Im Zug zu rauchen ist verboten.
イム ツーク ツー ラオヘン イスト フェアボーテン

まとめ

❶ zu不定詞（zu＋動詞の不定形）で、「〜すること」を表す。

❷ 分離動詞のzu不定詞は、分離前綴り＋zu＋動詞部分を1語で書く。aufzustehen（起きること）

❸ zu不定詞句が主語の場合、形式主語esから始めることもできる。

Q 単語をヒントに作文してみましょう。

❶ お肉ばかりを食べるのは健康的ではない。
　Es

　健康的な　肉のみ
　gesund, nur Fleisch
　ゲズント　ヌーア　フライシュ

❷ （君は）私と話をする時間はある？

　時間　〜と　話す
　Zeit, mit, sprechen
　ツァイト　ミット　シュプレッヒェン

❸ サッカーをするのは楽しい。

　楽しみをもたらす
　Spaß machen
　シュペース　マッヘン

❹ 彼にネクタイを1本贈ろうという君の提案に僕も賛成だ。
　Ich bin auch für deinen Vorschlag,

　ネクタイ　　　　贈る
　Krawatte f , schenken
　クラヴァッテ　　シェンケン

❺ 君たちは今晩出かける気はある？

　〜する気 今晩　　出かける
　Lust, heute Abend, aus¦gehen
　ルスト　ホイテ アーベント　アオスゲーエン

答えと音声を確認しよう

+α　um + zu 不定詞／ohne + zu 不定詞

um + zu 不定詞（〜するために）
Alex spart jetzt Geld, **um** einen Sportwagen **zu kaufen**.
アレックス シュパールト イェッツト ゲルト ウム アイネン シュポルトヴァーゲン ツー カオフェン
（アレックスはスポーツカーを買うために現在貯金をしています）

ohne + zu 不定詞（〜することなく、〜せずに）
Laura besucht oft ihren Freund,
ラオラ ベズーフト オフト イーレン フロイント
ohne vorher ihn **anzurufen**.
オーネ フォーアヘーア イーン アンツールフェン
（ラウラはよく、ボーイフレンドに電話をしないで彼のもとをたずねる）

A

① Es ist nicht gesund, nur Fleisch zu essen.
エス イスト ニヒト ゲズント ヌーア フライシュ ツー エッセン

② Hast du Zeit, mit mir zu sprechen?
ハスト ドゥー ツァイト ミット ミーア ツー シュプレッヒェン

③ Fußball zu spielen macht Spaß.
フースバル ツー シュピーレン マハト シュパース

④ Ich bin auch für deinen Vorschlag, ihm eine Krawatte zu schenken.
イヒ ビン アオホ フューア ダイネン フォーアシュラーク イーム アイネ クラヴァッテ ツー シェンケン

⑤ Habt ihr Lust, heute Abend auszugehen?
ハープト イーア ルスト ホイテ アーベント アオスツーゲーエン

25 es の用法

日本では6月に雨がたくさん降ります。

In Japan regnet es viel im Juni.
イン　ヤーパン　レーグネット　エス　フィール　イム　ユーニ

これだけ

気象に関する表現には非人称主語のesが用いられます。

Es regnet. / Es schneit. / Es hagelt.
エス　レーグネット　　エス　シュナイト　　エス　ハーゲルト
（雨が降る）　　　（雪が降る）　　　（ひょうが降る）

＊regnen, schneien, hagelnは必ずesとともに用いられる特殊な動詞。

Es ist heiß [warm / kalt / sonnig / bewölkt].
エス イスト ハイス　ヴァルム　カルト　ゾンニヒ　ベヴェルクト
（暑い[暖かい／寒い／太陽が照っている／曇っている]）

Q 単語をヒントに作文してみましょう。

❶ 東京ではあまり頻繁には雪が降らない。
In Tokyo

あまり〜ない
nicht so oft
ニヒト　ゾー オフト

❷ 明日雨が降らなければ、
私たちは遠足をします。
Wenn

明日　遠足をする
morgen, einen Ausflug machen
モルゲン　アイネン　アオスフルーク　マッヘン

答えと音声を確認しよう

もっと1 esのさまざまな用法

・時刻を表す

Wie spät ist **es** jetzt? - **Es** ist vier.
ヴィー シュペート イスト エス イェッツト　エス イスト フィーア
（今何時ですか？—4時です）

・熟語的表現

es geht + 3格(人)（～の気分・調子が…である）
es gibt+4格（～がある・いる）

Gibt es hier in der Nähe eine Post?
ギープト エス ヒーア イン デア　ネーエ　アイネ　ポスト
（この近くに郵便局はありますか？）

もっと2 その他のes

・zu不定詞句や従属接続句に先行する形式主語

Es ist schade, dass du nicht mitkommst.
エス イスト シャーデ　ダス　ドゥー ニヒト　ミットコムスト
（君が一緒に来ないのは残念だ）

・前の文の内容を受ける

Wo ist die Nikolaikirche? - Ich weiß **es** leider nicht.
ヴォー イスト ディ　ニコライキルヒェ　　イヒ　ヴァイス エス ライダー ニヒト
（ニコライ教会はどこですか？—残念ながら私はそれを知りません）

・人称代名詞のes

Das Handy ist praktisch. Ich kaufe **es**.
ダス　ヘンディ　イスト　プラクティッシュ イヒ　カオフェ　エス
（その携帯電話は実用的です。私はそれを買います）

A

❶ In Tokyo schneit es nicht so oft.
イン トーキョー シュナイト エス ニヒト ゾー オフト

❷ Wenn es morgen nicht regnet, machen wir einen Ausflug.
ヴェン エス モルゲン ニヒト レーグネット マッヘン ヴィーア アイネン アオスフルーク

まとめ

❶ 気象表現は、es regnet（雨が降る）, es schneit（雪が降る）などの成句で覚える。

❷ es を用いたさまざまな熟語表現
es geht + 3格（～の調子が…だ）、es gibt + 4格（～がある）など。

Q 単語をヒントに文を完成させましょう。

❶ この時期に雪が降るのは異例だ。
（dass, es を用いて）
Es

異例だ
ungewöhnlich,
ウンゲヴェーンリヒ
この時期に
zu dieser Zeit
ツー ディーザー ツァイト

❷ ドイツでは日本（において）ほど暑くはない。

…ほど～ではない
nicht so ～ wie ...
ニヒト ゾー ヴィー

❸ 今日は雨だ。風が強い。

今日　　風が強い
heute, windig
ホイテ　　ヴィンディヒ

❹ ウィーンの天気はどう？晴れている？

どんな 天気 ウィーン 晴れた
wie, das Wetter, Wien, sonnig
ヴィー ダス ヴェッター ヴィーン ゾンニヒ

答えと音声を確認しよう

+α 間違えやすい表現

「彼は元気です」をドイツ語にするには：

○ **Es geht ihm gut.**（彼は具合がいい）
エス ゲート イーム グート

× **Er ist gut.**（彼はいい奴だ・すごい）

→ただし **Er ist fit.**（彼は調子・コンディションがいい）は可能。
エーア イスト フィット

「私は寒い」をドイツ語にするには：

○ **Es ist mir kalt. / Mir ist kalt.**（私にとっては寒い）
エス イスト ミーア カルト　　ミーア イスト カルト

あるいは、**Es ist hier kalt.**（ここは寒い）と言うことも可能。
エス イスト ヒーア カルト

× **Ich bin kalt.**（私は冷たい）

A

❶ Es ist ungewöhnlich, dass es zu dieser Zeit schneit.
エス イスト ウンゲヴェーンリヒ ダス エス ツー ディーザー ツァイト シュナイト

❷ Es ist in Deutschland nicht so heiß wie in Japan.
エス イスト イン ドイチュラント ニヒト ゾー ハイス ヴィー イン ヤーパン

❸ Es regnet heute. Es ist windig.
エス レーグネット ホイテ　　エス イスト ヴィンディヒ

❹ Wie ist das Wetter in Wien? Ist es sonnig?
ヴィー イスト ダス ヴェッター イン ヴィーン　　イスト エス ゾンニヒ

まとめのドリル 5

1 形容詞を選んで、比較級・最上級にして（　）に入れましょう。
[alt, groß, oft, schnell]

1. Petra ist etwas (　　　　) als ihr Freund.
   ペトラはボーイフレンドよりも少し背が高い。

2. Die (　　　　) Universität in Deutschland ist die Universität Heidelberg.
   ドイツで最も古い大学はハイデルベルク大学です。

3. Wer schwimmt am (　　　　)?
   誰が一番速く泳ぎますか？

4. In Italien regnet es nicht so (　　　　) wie in Deutschland.
   イタリアではドイツほど頻繁に雨は降りません。

2 次の従属接続詞を使って文を完成させましょう。
[ob, dass, obwohl, weil]

1. ケイコは調子が悪いので、今日は大学へ行かない。
   Keiko geht heute nicht zur Uni, ＿＿＿＿＿＿＿＿＿＿＿＿＿＿.
   [Es geht ihr schlecht.]

2. バーベキューパーティーが今日開かれるかどうかまだわからない。
   Es ist noch nicht klar, ＿＿＿＿＿＿＿＿＿＿＿＿＿＿＿＿＿＿.
   [Die Grillparty findet heute statt.]
   * klar: はっきりした

3. ダニエルが遅刻することはめったにない。
   Es ist selten, ＿＿＿＿＿＿＿＿＿＿＿＿＿＿＿＿＿＿＿＿＿.
   [Daniel kommt zu spät.]
   * selten: めったにない

❹ 天気が悪いにもかかわらずケンは散歩に出かける。

_____ , geht Ken spazieren.
[Das Wetter ist schlecht.]
＊ spazieren gehen: 散歩をする

3 動詞を選び、zu不定詞句にして文を完成させましょう。

[an¦rufen, ein¦kaufen, gehen, verstehen]

❶ Hast du Lust, heute Abend ins Kino (　　　　　)?
君は今晩映画館に行く気はある？

❷ Lena hat keine Zeit, ihren Freund (　　　　　).
レナにはボーイフレンドに電話する時間がない。

❸ Es ist nicht leicht, die deutsche Grammatik (　　　　　).
ドイツ語の文法を理解するのは容易ではない。

❹ Otto geht in die Stadt, um (　　　　　).
オットーは買い物をするために街へ出かける。

こたえ

1 ❶ Petra ist etwas **größer** als ihr Freund.
❷ Die **älteste** Universität in Deutschland ist die Universität Heidelberg.
❸ Wer schwimmt am **schnellsten**?
❹ In Italien regnet es nicht so **oft** wie in Deutschland.

2 ❶ Keiko geht heute nicht zur Uni, **weil es ihr schlecht geht**.
❷ Es ist noch nicht klar, **ob die Grillparty heute stattfindet**.
❸ Es ist selten, **dass Daniel zu spät kommt.**
❹ **Obwohl das Wetter schlecht ist**, geht Ken spazieren.

3 ❶ Hast du Lust, heute Abend ins Kino **zu gehen**?
❷ Lena hat keine Zeit, ihren Freund **anzurufen**.
❸ Es ist nicht leicht, die deutsche Grammatik **zu verstehen**.
❹ Otto geht in die Stadt, um **einzukaufen**.

ドイツ人は意外と時間にルーズ？

　多くの日本人は「ドイツ人は時間に正確」というイメージを持っていると思います。しかし、ドイツを訪れてみると、実はそれほどでもないと感じるかもしれません。例えば、ドイツ鉄道 (Deutsche Bahn) の列車は、たびたび遅延が生じます。特急のICEなども、一部の区間を除いて各駅停車と同じ線路上を走るため、先行する列車が遅れれば当然ICEも遅延しますし、1本電車が遅れると、乗換駅で接続するほかの列車にも遅延が波及していきます。移動の際は時間に余裕のあるプランを立ててください。

　パーティーでは、開始時間とされている時刻に会場に行っても、来ている人はまばらです。たとえ招待状に「夜9時開始」と書かれていても、人が実際に集まり始めるのは30分はたってから。ましてや開始前に行くなど論外で、準備で忙しいから、と後で来るよう促されるか、もしくは手伝いをさせられる羽目になります。誰かのお宅に招待された場合、日本的な「5分前集合」ではなく、せめて指定の時刻ぴったりに、または少し遅れて訪問するのがよいでしょう。

　その一方で、労働時間に関して言えば、ドイツ人はおしなべて時間に正確と言えます。就業時間が5時までであれば、5時ぴったりに仕事を切り上げて退社、というのが一般的で、ダラダラと残業する、ということはまずありません。お店も同じで、閉店時間とは、その時間に従業員が退社することを意味し、閉店5分前以降はお客さんの入店を断ることが多いので、注意してください。レストランやカフェは、テーブル勘定で後払いが原則なのですが、自分のテーブルを担当する給仕のシフトが交代する場合、給仕が定時に上がれるよう、食事の途中でも会計を済ませることになります。もちろん、次の給仕には、代金は支払い済み、と伝えて交代しますから、その後もどうか気兼ねなく、食事やお茶を楽しんでください。

STEP 6

26 habenを伴う現在完了

私たちはたくさんのお土産を買いました。

Wir haben viele Souvenirs gekauft.
ヴィーア　ハーベン　フィーレ　ズヴェニーアス　ゲカオフト

これだけ

過去の出来事を表現するには、一般的に現在完了を用います。
habenまたは**sein**の人称変化＋文末に**過去分詞**
＊seinを伴う現在完了（→27課）

過去分詞の作り方（規則動詞）
動詞の前にgeを付け、語尾のenをtにします。

kauf**en**（買う）→ **ge**kauf**t**　　spiel**en**（プレーする）→ **ge**spiel**t**
カオフェン　　　　ゲカオフト　　　シュピーレン　　　　　　　ゲシュピールト

Wir kaufen Souvenirs.（私たちはお土産を買う）

Wir haben Souvenirs gekauft.（私たちはお土産を買った）
ヴィーア ハーベン　ズヴェニーアス　ゲカオフト

Q 次の文を現在完了形にしてみましょう。

❶ Er lernt Deutsch.（彼はドイツ語を学ぶ）
→

❷ Ich spiele Tischtennis.（私は卓球をする）
→

卓球
Tischtennis
ティッシュテニス

❸ Wir sagen nichts.（私たちは何も言わない）
→

答えと音声を確認しよう

もっと1 語順

・平叙文

動詞の位置(2番目)に完了の助動詞を、文末に過去分詞を置きます。

Wir **kaufen** Souvenirs.（私たちはお土産を買う）

Wir **haben** Souvenirs **gekauft.**（私たちはお土産を買った）
ヴィーア ハーベン ズヴェニーアス ゲカオフト

・疑問文

決定疑問文では、haben + 主語 … 過去分詞 ?

Habt ihr schon Souvenirs **gekauft**?
ハープト イーア ショーン ズヴェニーアス ゲカオフト
（君たちはもうお土産を買った？）

補足疑問文では、疑問詞 + haben + 主語 … 過去分詞 ?

Wo **hat** sie Souvenirs **gekauft**?
ヴォー ハット ズィー ズヴェニーアス ゲカオフト
（彼女はどこでお土産を買ったの？）

もっと2 不規則変化をする動詞

sprechen（話す）→ **gesprochen**
　　　　　　　　　　ゲシュプロッヘン

trinken（飲む）→ **getrunken**
　　　　　　　　　ゲトルンケン

helfen（助ける）→ **geholfen**
　　　　　　　　　　ゲホルフェン

essen（食べる）→ **gegessen**
　　　　　　　　　　ゲゲッセン

geben（与える）→ **gegeben**
　　　　　　　　　　ゲゲーベン

sehen（見る）→ **gesehen**
　　　　　　　　　ゲゼーエン

A

❶ Er hat Deutsch gelernt.
エーア ハット ドイチュ ゲレルント

❷ Ich habe Tischtennis gespielt.
イヒ ハーベ ティッシュテニス ゲシュピールト

❸ Wir haben nichts gesagt.
ヴィーア ハーベン ニヒツ ゲザークト

habenを伴う現在完了

まとめ

❶ 過去の出来事は、基本的に現在完了で表現する（特に会話）。

❷ haben の人称変化＋過去分詞で表す。

❸ 過去分詞は、動詞の前に ge を加え、語尾の en を t に変えて作る。→ **ge---t**

Q 単語をヒントに作文してみましょう。

❶ 私たちは昨日パーティーをしました。
Gestern
　　　　　　　　　　　　　昨日　　　パーティー する
　　　　　　　　　　　　　gestern, eine Party, machen
　　　　　　　　　　　　　ゲスターン　アイネ パールティ　マッヘン

❷ あなたはもう朝食をとりましたか？
　　　　　　　　　　　　　もう　　　朝食をとる
　　　　　　　　　　　　　schon, frühstücken
　　　　　　　　　　　　　ショーン　フリューシュテュッケン

❸ 君たちはどの映画を見たの？
　　　　　　　　　　　　　どの　　映画　　見る
　　　　　　　　　　　　　welcher, Film m, sehen
　　　　　　　　　　　　　ヴェルヒャー　フィルム　ゼーエン

❹ フリッツはビールを飲み過ぎた。
　　　　　　　　　　　　　フリッツ あまりにたくさん ビール 飲む
　　　　　　　　　　　　　Fritz, zu viel, Bier, trinken
　　　　　　　　　　　　　フリッツ　ツー フィール　ビーア　トリンケン

❺ 君は誰と話していたの？
　　　　　　　　　　　　　誰と　　　話す
　　　　　　　　　　　　　mit wem, sprechen
　　　　　　　　　　　　　ミット ヴェーム　シュプレッヒェン

答えと音声を確認しよう

+α 過去分詞を作る際の注意

-ierenで終わる動詞：過去分詞にgeをつけない
studieren（大学で学ぶ）→ **studiert**
シュトゥディーアト
fotografieren（写真を撮る）→ **fotografiert**
フォトグラフィーアト

非分離動詞：過去分詞にgeをつけない
entdecken（発見する）→ **entdeckt**
エントデックト
deckenの過去分詞は規則変化でgedecktですが、このgeを除いたdecktと非分離前綴りのent-を続けて、entdecktとします。

分離動詞：「分離前綴り＋過去分詞」を1語で
ein¦kaufen（買い物をする）→ **ein**ge**kauf**t
アインゲカオフト

A

❶ Gestern haben wir eine Party gemacht.
ゲスターン ハーベン ヴィーア アイネ パールティ ゲマハト

❷ Haben Sie schon gefrühstückt?
ハーベン ズィー ショーン ゲフリューシュテュックト

❸ Welchen Film habt ihr gesehen?
ヴェルヒェン フィルム ハープト イーア ゲゼーエン

❹ Fritz hat zu viel Bier getrunken.
フリッツ ハット ツー フィール ビーア ゲトルンケン

❺ Mit wem hast du gesprochen?
ミット ヴェーム ハスト ドゥー ゲシュプロッヘン

27 sein を伴う現在完了

なぜ君は遅刻したんだい？
Warum bist du zu spät gekommen?
ヴァルム　ビスト　ドゥー　ツー　シュペート　ゲコンメン

＊gekommen は kommen（来る）の過去分詞。

これだけ

発着・往来・状態の変化を表す文の完了の助動詞は sein です。

sein ＋ 過去分詞

Katrin **fährt** nach Berlin.（カトリンはベルリンへ行きます）

↓

Katrin **ist** nach Berlin **gefahren**.
カトリン　イスト　ナーハ　ベルリーン　ゲファーレン
（カトリンはベルリンへ行った）

＊gefahren は fahren（行く）の過去分詞。

Q 単語をヒントに作文してみましょう。

❶ 私はパリに行きました。

パリへ　　　行く
nach Paris, fahren
ナーハ パリス　　ファーレン

_____

❷ 私たちは昨晩、映画館に行きました。

映画館に行く
ins Kino gehen
インス キーノ ゲーエン

_____

❸ なぜ君はパーティーに来なかったの？

なぜ　　パーティーに 来る
warum, zur Party, kommen
ヴァルム　ツーア パールティ コンメン

答えと音声を確認しよう

142

完了形に sein を用いる動詞

sein と結びつく動詞には、不規則なものが多くあります。

gehen（行く）→ gegangen
ゲガンゲン

fahren（乗り物で行く）→ gefahren
ゲファーレン

kommen（来る）→ gekommen
ゲコンメン

fliegen（飛行機で行く）→ geflogen
ゲフローゲン

bleiben（とどまる）→ geblieben
ゲブリーベン

auf¦stehen（起きる）→ aufgestanden
アオフゲシュタンデン

現在完了形を含む副文

完了の助動詞（haben/sein）が文末に来ます。

Er ist pünktlich gekommen.（彼は時間通り来た）

dass er pünktlich gekommen ist（彼が時間通り来たこと）

→ Dass er pünktlich gekommen ist, ist eine Überraschung.
ダス　エーア ピュンクトリヒ ゲコンメン　イスト イスト アイネ ユーバーラッシュング
（彼が時間通り来たことは驚きだ）

A

❶ Ich bin nach Paris gefahren.
イヒ ビン ナーハ パリス ゲファーレン

❷ Gestern Abend sind wir ins Kino gegangen.
ゲスターン アーベント ズィント ヴィーア インス キーノ ゲガンゲン

❸ Warum bist du nicht zur Party gekommen?
ヴァルム ビスト ドゥー ニヒト ツーア パールティ ゲコンメン

sein を伴う現在完了

まとめ

❶ 発着・往来・状態の変化を表す完了の助動詞はsein。

❷ 不規則動詞が多いので、過去分詞形に注意。
fahren → gefahren、kommen → gekommen、gehen → gegangen など。

Q 単語をヒントに作文してみましょう。

❶ 君たちは夏休みにどこに行ったの？
　どこに　夏休みに　行く
　wohin, in den Sommerferien, fahren
　ヴォーヒン イン デン ゾンマーフェーリエン ファーレン

❷ 私の弟は10時にようやく起きました。
　10時にようやく　起きる
　erst um 10 Uhr, auf¦stehen
　エアスト ウム ツェーン ウーア アオフシュテーエン

❸ 私は昨日家にとどまっていました。
　家に　　　　とどまる
　zu Hause, bleiben
　ツー ハオゼ　　ブライベン

❹ 残念ながらその列車はもう出発してしまったよ。
　Leider
　その列車　もう　出発する
　der Zug, schon, ab¦fahren
　デア　ツーク　ショーン　アップファーレン

❺ 彼がどこに行ったか、君は知っているかい？
　知っている どこへ　行く
　wissen, wohin, fahren
　ヴィッセン　ヴォヒーン　ファーレン

答えと音声を確認しよう

+α haben・sein の現在完了形

habenの過去分詞は**gehabt**で、完了の助動詞はhaben。
Ich habe keine Zeit.（私には時間がない）
→ Ich **habe** keine Zeit **gehabt**.
イヒ ハーベ カイネ ツァイト ゲハープト

seinの過去分詞は**gewesen**で、完了の助動詞はsein。
Bist du erkältet?（君、風邪なの？）
→ **Bist** du erkältet **gewesen**?
ビスト ドゥー エアケルテット ゲヴェーゼン

ただし、seinやhabenは、一般的に過去形で表現します（→28課）。

A

❶ Wohin seid ihr in den Sommerferien gefahren?
ヴォーヒン ザイト イーア イン デン ゾンマーフェーリエン ゲファーレン

❷ Mein Bruder ist erst um 10 Uhr aufgestanden.
マイン ブルーダー イスト エアスト ウム ツェーン ウーア アオフゲシュタンデン

❸ Ich bin gestern zu Hause geblieben.
イヒ ビン ゲスターン ツー ハオゼ ゲブリーベン

❹ Leider ist der Zug schon abgefahren.
ライダー イスト デア ツーク ショーン アップゲファーレン

❺ Weißt du, wohin er gefahren ist?
ヴァイスト ドゥー ヴォヒーン エーア ゲファーレン イスト

seinを伴う現在完了

28 過去形

バーゼルにいらしたことはありますか？

Waren Sie schon in Basel?
ヴァーレン　ズィー　ショーン　イン　バーゼル

これだけ

過去形の作り方

動詞の語尾の en を te に変えたものが「過去基本形」です。

spiel**en**（遊ぶ）→ spiel**te**, lern**en**（学ぶ）→ lern**te**
シュピーレン　　　　　　シュピールテ　レルネン　　　　　　レルンテ

spielen（遊ぶ）の過去形の人称変化

ich spielte イヒ シュピールテ	wir spielten ヴィーア シュピールテン
du spieltest ドゥー シュピールテスト	ihr spieltet イーア シュピールテット
er spielte エーア シュピールテ	sie spielten ズィー シュピールテン

＊ただし、arbeit**en** は arbeit**ete**
　　　　　アルバイテン　　　アルバイテテ

Q 次の動詞の過去基本形を作ってみよう。

❶ sagen（言う）　　→ ＿＿＿＿＿＿

❷ kaufen（買う）　→ ＿＿＿＿＿＿

❸ machen（する）　→ ＿＿＿＿＿＿

答えと音声を確認しよう

もっと1: sein, haben, 話法の助動詞の過去形

物語やメディアなどでは過去形が多く用いられます。日常会話でも、habenやsein、話法の助動詞など、過去形を使う動詞があります。

sein（である）→ **war**
ザイン　　　　　　ヴァール

ich war イヒ ヴァール	wir war**en** ヴィーア ヴァーレン
du war**st** ドゥー ヴァールスト	ihr war**t** イーア ヴァールト
er war エーア ヴァール	sie war**en** ズィー ヴァーレン

haben（持っている）→ **hatte**
ハーベン　　　　　　　　ハッテ

ich hatte イヒ ハッテ	wir hatte**n** ヴィーア ハッテン
du hatte**st** ドゥー ハッテスト	ihr hatte**t** イーア ハッテット
er hatte エーア ハッテ	sie hatte**n** ズィー ハッテン

もっと2: 不規則変化動詞

不定形、過去基本形、過去分詞形をセットで覚えましょう。

不定形	過去基本形	過去分詞形
fahren（乗り物で行く）ファーレン	→ **fuhr** フーア	→ gefahren ゲファーレン
finden（見つける）フィンデン	→ **fand** ファント	→ gefunden ゲフンデン
gehen（行く）ゲーエン	→ **ging** ギング	→ gegangen ゲガンゲン
geben（与える）ゲーベン	→ **gab** ガープ	→ gegeben ゲゲーベン
kommen（来る）コンメン	→ **kam** カーム	→ gekommen ゲコンメン
stehen（立っている）シュテーエン	→ **stand** シュタント	→ gestanden ゲシュタンデン
wissen（知っている）ヴィッセン	→ **wusste** ヴステ	→ gewusst ゲヴスト

A
① sagte ザークテ
② kaufte カオフテ
③ machte マハテ

まとめ

❶ 動詞の不定形の語尾 -en を **-te** にしたものが過去基本形。

❷ 過去基本形は人称変化する。

❸ sein、haben、話法の助動詞の過去形は会話でもよく使われる。

Q 単語をヒントに作文してみましょう

❶ その遠足はどうでしたか？

> どのように 遠足
> **wie, Ausflug** (m)
> ヴィー　アオスフルーク

❷ 明治時代に人々は船でヨーロッパへ渡っていた。
In der Meiji-Zeit

> 人　船で　ヨーロッパへ
> **man, mit dem Schiff, nach Europa**
> マン　ミット デム シフ　ナーハ オイローパ

❸ 20年前、私たちは携帯を持っていなかった。
Vor 20 Jahren

> 20年前　　　　携帯電話
> **vor 20 Jahren, Handy** (n)
> フォーア ツヴァンツィヒ ヤーレン ヘンディ

❹ 私は彼が病気であったことを知らなかった。

> 知っている ～ということ 病気だ
> **wissen, dass, krank**
> ヴィッセン　ダス　　クランク

❺ ここにはかつて、1軒の映画館があった。
Es

> ある　ここには　かつて　映画館
> **es gibt, hier, früher, Kino** (n)
> エス ギープト ヒーア フリューアー キーノ

答えと音声を確認しよう

+α 話法の助動詞の過去形

助動詞の過去形を人称変化させて2番目に、本動詞を不定形で文末に置きます。

können（〜できる）
　　→ konnte

ich konnte _{イヒ コンテ}	wir konnten _{ヴィーア コンテン}
du konntest _{ドゥー コンテスト}	ihr konntet _{イーア コンテット}
er konnte _{エーア コンテ}	sie konnten _{ズィー コンテン}

müssen（〜しないといけない）
　　→ musste

ich musste _{イヒ ムステ}	wir mussten _{ヴィーア ムステン}
du musstest _{ドゥー ムステスト}	ihr musstet _{イーア ムステット}
er musste _{エーア ムステ}	sie mussten _{ズィー ムステン}

Tobias und Karl **konnten** sehr gut Handball **spielen**.
トビアス　ウント　カール　コンテン　　ゼーア　グート　ハントバル　　シュピーレン
（トビアスとカールはとても上手にハンドボールをプレーできた）

A

❶ Wie war der Ausflug?
ヴィー ヴァール デア アオスフルーク

❷ In der Meiji-Zeit fuhr man mit dem Schiff nach Europa.
イン デア メイジ ツァイト フーア マン ミット デム シフ ナーハ オイローパ

❸ Vor 20 Jahren hatten wir kein Handy.
フォーア ツヴァンツィヒ ヤーレン ハッテン ヴィーア カイン ヘンディ

❹ Ich wusste nicht, dass er krank war.
イヒ ヴステ ニヒト ダス エーア クランク ヴァール

❺ Es gab hier früher ein Kino.
エス ガープ ヒーア フリューアー アイン キーノ

29 受動態

ここに新しい高層ビルが建てられます。
Hier wird ein neues Hochhaus gebaut.
ヒーア　ヴィルト　アイン　ノイエス　ホーホハオス　ゲバオト

これだけ

werden（受け身の助動詞：人称変化）…＋**過去分詞**（文末に）
＊werdenの人称変化は12課を参照。

「〜によって」**von**＋3格（主に人）
　　　　　　durch＋4格（事柄・事象・災害など）

Paul malt das Bild.（パウルはその絵を描く）
↓
Das Bild **wird von** Paul **gemalt**.
ダス　ビルト　ヴィルト　フォン　パオル　ゲマールト
（その絵はパウルによって描かれる）

Q （　）内に必要な単語を補って受動態の文を完成させましょう。

❶ その先生はよく生徒たちから質問されます。
　Der Lehrer (　　) oft von den Schülern (　　).
　　質問する **fragen** フラーゲン

❷ その車はこの工場で修理されます。
　Die Autos (　　) in dieser Werkstatt (　　).
　　修理する **reparieren** レパリーレン

答えと音声を確認しよう

もっと1 不特定の人 = man

受動態は、行為者を示さない文も作れますが、能動態では主語にman（不特定の「人」）を用います。

Hier **wird** ein neues Hochhaus **gebaut**.
（ここに新しい高層ビルが建てられます）
↓
Hier baut **man** ein neues Hochhaus.
ヒーア　バオト　マン　アイン　ノイエス　ホーホハオス
（ここに人は新しい高層ビルを建てます＝ここに新しい高層ビルが建ちます）

もっと2 過去

werdenの過去基本形wurdeをもとに、
wurde（人称変化）…＋**過去分詞**（文末）とします。

ich	wurde	wir	wurde**n**
イヒ	ヴルデ	ヴィーア	ヴルデン
du	wurde**st**	ihr	wurde**t**
ドゥー	ヴルデスト	イーア	ヴルデット
er	wurde	sie	wurde**n**
エーア	ヴルデ	ズィー	ヴルデン

Hier **wurde** ein neues Hochhaus **gebaut**.
ヒーア　ヴルデ　アイン ノイエス　ホーホハオス　ゲバオト
（ここに高層ビルが建てられました）

A

❶ Der Lehrer wird oft von den Schülern gefragt.
デア レーラー ヴィルト オフト フォン デン シューラーン ゲフラークト

❷ Die Autos werden in dieser Werkstatt repariert.
ディ アオトス ヴェルデン イン ディーザー ヴェルクシュタット レパリーアト

まとめ

❶ 受動態はwerden（人称変化）＋過去分詞。

❷ 過去の受動態はwurde（人称変化）＋過去分詞。

❸ 行為者を表すときはvon＋3格（人）またはdurch＋4格（災害など）。

Q 単語をヒントに作文してみましょう。

❶ ドイツではビールが好んで飲まれます。
In Deutschland

> ビール　好んで　飲む
> **Bier, gern, trinken**
> ビーア　ゲルン　トリンケン

❷ その歌は子どもたちによって歌われます。

> 歌　　　　　子どもたち
> **Lied** n, **Kinder** pl,
> リート　　　キンダー
> 歌う
> **singen(gesungen)**
> ズィンゲン

❸ その事故により、3人が負傷しました。
Durch

> 事故　　　　　3人
> **Unfall** m, **drei Menschen,**
> ウンファル　　ドライ メンシェン
> 負傷させる
> **verletzen**
> フェアレッツェン

❹ 『ファウスト』はゲーテによって書かれました。

> ファウスト　ゲーテ
> ***Faust*, Goethe,**
> ファオスト　ゲーテ
> 書く
> **schreiben(geschrieben)**
> シュライベン

❺ その絵は誰によって描かれたのですか？

> 誰によって　その絵　　描く
> **von wem, Bild** n, **malen**
> フォン ヴェーム　ビルト　マーレン

答えと音声を確認しよう

+α 状態受動

sein（人称変化）**+過去分詞**で、行為を受けた結果「〜された状態にある」を表現します。

Um 20 Uhr **wird** der Supermarkt **geschlossen**.
（そのスーパーは20時に閉まります）
↓
Heute **ist** der Supermarkt **geschlossen**.
ホイテ　イスト デア　ズーパーマルクト　　　ゲシュロッセン
（今日はそのスーパーは休みです）
＝そのスーパーは今日はずっと閉められた状態のままである。

A

❶ In Deutschland wird Bier gern getrunken.
　イン ドイチュラント ヴィルト ビーア ゲルン ゲトルンケン

❷ Das Lied wird von den Kindern gesungen.
　ダス リート ヴィルト フォン デン キンダーン ゲズンゲン

❸ Durch den Unfall wurden drei Menschen verletzt.
　ドゥルヒ デン ウンファル ヴルデン ドライ メンシェン フェアレッツト

❹ *Faust* wurde von Goethe geschrieben.
　ファオスト ヴルデ フォン ゲーテ ゲシュリーベン

❺ Von wem wurde das Bild gemalt?
　フォン ヴェーム ヴルデ ダス ビルト ゲマールト

30 関係代名詞

クラウスの隣に座っているその男性は誰ですか？

Wer ist der Mann,
ヴェーア　イスト　デア　　マン
der neben Klaus sitzt?
デア　ネーベン　　クラオス　ズィッツト

これだけ

関係代名詞を用いて、複数の文を1つにまとめることができます。

（その男性は誰ですか？その男性はクラウスの隣に座っています）
Wer ist **der Mann**? **Der Mann** **sitzt** neben Klaus.

Wer ist der Mann, **der** neben Klaus **sitzt**?
　　　　　　　der = der Mann　　＊動詞は後ろに置く

先行詞が男性のとき、1格の関係代名詞はder。同様に、女性はdie、中性はdasで、定冠詞と同じです。

Q 関係代名詞を入れて文を完成させましょう。

❶ ガービと話をしているその女性は何と言う名前ですか？
　Wie heißt die Frau, (　　) mit Gabi spricht?

❷ 窓のないその浴室は暗い。
　Das Badezimmer, (　　) kein Fenster hat, ist dunkel.

❸ ドイツ製の車は高い。
　Die Autos, (　　) aus Deutschland kommen, sind teuer.

答えと音声を確認しよう

関係代名詞

2格と複数の3格の場合を除けば定冠詞と変わりません。

	男性	女性	中性	複数
1格	der デア	die ディ	das ダス	die ディ
2格	**dessen** デッセン	**deren** デーレン	**dessen** デッセン	**deren** デーレン
3格	dem デム	der デア	dem デム	**denen** デーネン
4格	den デン	die ディ	das ダス	die ディ

Das Kind, das dort mit den Bausteinen **spielt**, ist mein Neffe.
ダス キント ダス ドルト ミット デン バオシュタイネン シュピールト イスト マイン ネッフェ
（あそこで積み木で遊んでいる子どもは私の甥です）

用法

4格

Der Film, **den** wir gestern gesehen haben, war sehr amüsant.
デア フィルム デン ヴィーア ゲスターン ゲゼーエン ハーベン ヴァール ゼア アミュザント
（私たちが昨日見たその映画はとても愉快だった）
＊den＝den film

2格

Der Professor, **dessen Vorlesung** ich besuche, ist sehr bekannt.
デア プロフェッソア デッセン フォーアレーズング イヒ ベズーヘ イスト ゼア ベカント
（私が講義を受講しているその教授はとても有名だ）
＊dessen Vorlesung＝die Vorlesung des Professors

A

❶ Wie heißt die Frau, die mit Gabi spricht?
ヴィー ハイスト ディ フラオ ディ ミット ガービ シュプリヒト

❷ Das Badezimmer, das kein Fenster hat, ist dunkel.
ダス バーデツィマー ダス カイン フェンスター ハット イスト ドゥンケル

❸ Die Autos, die aus Deutschland kommen, sind teuer.
ディ アオトス ディ アオス ドイチュラント コンメン ズィント トイアー

まとめ

❶ 関係文中での先行詞の性・数・格に応じて変化する。

❷ ただし、一部（2格と複数3格）を除き定冠詞の変化と同じ。

❸ 関係文はコンマで区切り、副文にする（定動詞を後置）。

Q 関係代名詞を入れて文を完成させましょう。

❶ 私が乗ったその列車は定刻通りにカッセルに着いた。
Der Zug, (　　) ich genommen habe, ist pünktlich in Kassel angekommen.

❷ 私が昨日知り合ったその女学生はフライブルク出身だ。
Die Studentin, (　　) ich gestern kennengelernt habe, kommt aus Freiburg.

❸ 私たちが手助けをしたその旅行客たちは、私たちにとても感謝していた。
Die Touristen, (　　) wir geholfen haben, waren uns sehr dankbar.

❹ 君たちがフリーマーケットで買った本はどこにあるの？
Wo sind die Bücher, (　　) ihr auf dem Flohmarkt gekauft habt?

❺ デパートの裏にある映画館はもうすぐ改修されます。
Das Kino, (　　) hinter dem Kaufhaus steht, wird bald renoviert.

答えと音声を確認しよう

+α 前置詞＋関係代名詞の用法

関係代名詞が前置詞を伴う場合、前置詞を関係代名詞の前に置きます。

Das Café, in das wir früher oft gegangen sind, existiert nicht mehr.
ダス カフェ イン ダス ヴィーア フリューアー オフト ゲガンゲン ズィント
エクスィスティーアト ニヒト メーア
（かつて私たちがよく行ったカフェはもうない）

= Das Café existiert nicht mehr.
 ＋ Wir sind früher oft in das Café gegangen.

A

❶ Der Zug, den ich genommen habe, ist pünktlich in Kassel angekommen.
デア ツーク デン イヒ ゲノンメン ハーベ イスト ピュンクトリヒ イン カッセル アンゲコメン

❷ Die Studentin, die ich gestern kennengelernt habe, kommt aus Freiburg.
ディ シュトゥデンティン ディ イヒ ゲスターン ケネンゲレルント ハーベ コムト アオス フライブルク

❸ Die Touristen, denen wir geholfen haben, waren uns sehr dankbar.
ディ トゥリステン デーネン ヴィーア ゲホルフェン ハーベン ヴァーレン ウンス ゼーア ダンクバール

❹ Wo sind die Bücher, die ihr auf dem Flohmarkt gekauft habt?
ヴォー ズィント ディ ビューヒャー ディ イーア アオフ デム フローマルクト ゲカオフト ハープト

❺ Das Kino, das hinter dem Kaufhaus steht, wird bald renoviert.
ダス キーノ ダス ヒンター デム カオフハオス シュテート ヴィルト バルト レノヴィーアト

まとめのドリル 6

1 動詞を選んで完了形の文を作りましょう。

[arbeiten, fahren, gehen, schreiben]

1. Ich (　　　) ihr eine Postkarte (　　　　　).
   私は昨日彼女にハガキを書いた。
2. Wie lange (　　　　) Sie gestern (　　　　)?
   あなたは昨日、どのくらいの時間お仕事をされたのですか。
3. Richard und Ulrich (　　　　) in die Kneipe (　　　　　).
   リヒャルトとウルリヒは飲み屋に出かけた。
4. Wohin (　　　　) du in den Ferien (　　　　　)?
   君は休暇中にどこに行ったの？

2 動詞を選んで過去形の文を作りましょう。

[an¦kommen, aus¦gehen, haben, müssen, sein]

1. Früher (　　　　) Alex jeden Abend (　　　　).
   かつてアレックスは毎晩外出していた。
2. Ich (　　　　) keine Zeit, die Hausaufgabe zu machen.
   昨日私は宿題をやる時間がありませんでした。
3. Meine Frau (　　　　) noch nicht in Polen.
   私の妻はまだポーランドに行ったことがありません。
4. Der Zug (　　　　) erst um 23 Uhr (　　　　).
   その列車は23時にようやく到着しました。
5. Wie lange (　　　　) du im Bett liegen?
   どの位の間、君はベッドに横になっていなければいけなかったの？

3 動詞を選んで、受動態にしましょう。

[besuchen, essen, lesen, fest¦nehmen]

① Die Romane von Haruki Murakami (　　　) auch in Deutschland gern (　　　).
村上春樹の小説はドイツでも好んで読まれます。

② Das Schloss (　　　) von vielen Touristen (　　　).
その城は多くの観光客によって訪問されます。

③ Was (　　　) in der Schweiz (　　　)?
スイスでは何が食べられていますか？

④ Der Täter (　　　) von der Polizei (　　　).
犯人は警察によって逮捕された。［過去形で］

こたえ

1
① Ich **habe** ihr eine Postkarte **geschrieben**.
② Wie lange **haben** Sie gestern **gearbeitet**?
③ Richard und Ulrich **sind** in die Kneipe **gegangen**.
④ Wohin **bist** du in den Ferien **gefahren**?

2
① Früher **ging** Alex jeden Abend **aus**.
② Ich **hatte** keine Zeit, die Hausaufgabe zu machen.
③ Meine Frau **war** noch nicht in Polen.
④ Der Zug **kam** erst um 23 Uhr **an**.
⑤ Wie lange **musstest** du im Bett liegen?

3
① Die Romane von Haruki Murakami **werden** auch in Deutschland gern **gelesen**.
② Das Schloss **wird** von vielen Touristen **besucht**.
③ Was **wird** in der Schweiz **gegessen**?
④ Der Täter **wurde** von der Polizei **festgenommen**.

コラム 6

日独交流 150 年？

　2011年1月24日、日本とドイツは修好通商条約を締結して150年の節目を迎えました。とは言っても、これは国同士の正式な交流の話。個人ベースでの渡航も含めると、両国の交流は約400年続いています。

　すでに江戸時代初頭の1610年代には、複数のドイツ出身者が日本を訪れ、貿易を行っていたと言われています。1690年には、ドイツ人医師ケンプファー (Engelbert Kämpfer, ケンペル) が来日し、彼はオランダ商館長の江戸参府に同行して、時の将軍徳川綱吉に謁見しています。彼の残した記録『日本誌』は、ヨーロッパ人が日本を知る上での貴重な資料となりました。また、1823年には、同じくオランダ商館付の医師としてシーボルト (Philipp Franz von Siebold) も来日、彼もまた日本の動植物などの研究において多くの業績を残しました。明治維新後は、ナウマン像で有名な地質学者のナウマン (Heinrich Edmund Naumann) や医師のベルツ (Erwin Bälz, 草津温泉の効能を発見) など、多数のドイツ人が「お雇い外国人」として来日し、日本に先進的な知識をもたらしました。

　一方、ドイツに渡った日本人としては、まずハルツィング (Peter Hartzing) の名前が挙げられます。1637年にドイツ人の父カールと平戸の日本人女性との間に生まれた彼は、平戸のオランダ商館の閉鎖により4歳で日本を離れ、父の故郷メーアス (Moers) で育ちます。デュイスブルク大学で数学や物理学を専攻した後、ハノーファー王国の鉱山責任者として鉱業の発展に尽くしました。

　幕末には、会津藩士の馬島 (小松) 済治という人物が1868年にハイデルベルク大学に留学しています。さらに明治時代になると、ドイツの制度や知識を取り入れるため、ドイツ留学が盛んになります。森鷗外、北里柴三郎、伊藤博文、滝廉太郎、山田耕作など、歴史上有名な人物もドイツで学びました。

参考文献：荒木康彦『近代日独交渉史研究序説』(雄松堂出版)／小澤健志「17世紀のドイツを観た長崎・平戸出身の日本人」(『西日本日独協会年報』36号)

付録

基本単語

A

Abend (m) 晩
abfahren 発車する
abgeben 提出する
ähnlich 似ている
Alkohol (m) 酒
Alpen (pl) アルプス
als ～したときに
alt 古い
amüsant おもしろい、楽しい
ankommen 到着する
anrufen 電話をかける
anschreiben 板書する
Anzug (m) スーツ
Apfel (m) りんご
April (m) 4月
Arbeit (f) 仕事
arbeiten 働く
Arbeitswechsel (m) 転職
ärgern 怒らせる
ärgern (sich) 怒る
aufmachen 開ける
aufstehen 起床する
auftreten 出演する
August (m) 8月
Ausflug (m) 遠足
ausgehen 外出する
ausreisen 出国する
aussteigen 降りる
Auto (n) 車

B

Bach (m) 小川
Bäckerei (f) パン屋
Bad (n) 風呂
Badezimmer (n) 浴室
bald まもなく、じきに
Bauer (m) 農民
Baum (m) 木
Bausteine (m)(pl) 積み木
bedanken 感謝する
bedanken (sich) 感謝する
Bein (n) 脚
bekannt 知られている
Berg (m) 山
berühmt 有名な
beschäftigen (sich) 取り組む
besonders 特に、非常に
besuchen 訪問する
Bett (n) ベッド
bewölkt 曇った
bezahlen 代金を支払う
Biene (f) 蜂
Bier (n) ビール
Bild (n) 絵、写真
billig 安い
bitte どうぞ、どうか
blau 青い
bleiben とどまる
Blume (f) 花
Bluse (f) ブラウス
böse 嫌な、怒っている
brauchen 必要とする
braun 褐色の、茶色の
Brief (m) 手紙
Brille (f) めがね
Bruder (m) 兄、弟
Buch (n) 本
Büro (n) オフィス
Bus (m) バス

C

Café (n) 喫茶店
Chef (m) （会社の課・部・局などの）長

Chemie *f* 化学
Chor *m* コーラス
Chronik *f* 歴史書
Computer *m* コンピューター

D

Dach *n* 屋根
damit ～するために
dankbar 感謝している
Deutsch *n* ドイツ語
Deutsche *m* *f* ドイツ人
Deutschland *n* ドイツ
Dezember *m* 12月
Dienstag *m* 火曜日
Donnerstag *m* 木曜日
draußen 外に、外で
dunkel 暗い
durch ～を通って
dürfen ～してもよい
Durst *m* のどの渇き
durstig のどが渇いた

E

echt 本当の
einkaufen 買い物をする
einsteigen 乗車する
eintreten 入る
Eis *n* 氷
Eltern *pl* 両親
empfehlen 勧める
Energie *f* エネルギー
Engländer *m* イギリス人
entdecken 発見する
erinnern 思い出す、思い出させる
erkälten (sich) 風邪をひく
erst 第一の
erstens まずはじめに
erweitern 拡大する
Erziehung *f* 教育
essen 食べる
Essen *n* 食事
Euro *m* ユーロ

Europa *n* ヨーロッパ

F

fahren （乗り物で）行く、乗る
fantastisch すばらしい
faul 怠け者だ
Februar *m* 2月
Fenster *n* 窓
Ferien *pl* 休暇
festnehmen 逮捕する
Film *m* 映画
finden 見つける、～を…と思う
Firma *f* 会社
fit 体調のよい
Fleisch *n* 肉
fleißig 勤勉な
fliegen 飛行機で行く
Flohmarkt *m* フリーマーケット
Fluss *m* 川
Foto *n* 写真
fotografieren 写真を撮る
Fotos machen 写真を撮る
Frage *f* 問題
fragen たずねる、質問をする
französisch フランスの
Frau *f* 女性、妻
frei 自由な
Freitag *m* 金曜日
Fremdsprache *f* 外国語
freuen (sich) 喜ぶ、楽しみにしている
Freund *m* 友だち
Freundschaft *f* 友情
früh 早い
frühstücken 朝食をとる
für ～のために
Fuß *m* 足
Fußball *m* サッカー

G

Gabel *f* フォーク
Garten *m* 庭
geben 与える

gefallen 〜の気に入る
gegen 〜に反対して
gehen 行く
gehören 〜のものである
Geld n 金
gemeinsam 共通の、共同の
genug 十分に
gern 喜んで
Geschwister pl きょうだい
gestern 昨日
gesund 健康な
Gesundheit f 健康
Gewinner m 勝者
Glas n グラス
gleich 同じ、すぐに
Glück n 幸運
Grammatik f 文法
Grillparty f バーベキューパーティー
groß 大きい
Großmutter f おばあさん
gut よい

H

haben 持っている
hageln ひょうが降る
Hahn m 雄鶏
Hähnchen n 若鶏
halb 半分の
halten 持っている、固定している、保つ
Handball m ハンドボール
Handy n 携帯電話
Handynummer f 携帯番号
Haus n 家
Hausaufgabe f 宿題
heiß 暑い、熱い
heißen 〜という名前である
Heizung f 暖房
helfen 〜を助ける
hellblau 水色の
Hemd n シャツ
Herr m 紳士、〜さん
herzlich 心からの

heute 今日
hier ここ
hinter 〜の後ろに
hoch 高い
Hochhaus n 高層ビル
Honig m ハチミツ
hören 聞く、聞こえる
Hörsaal m 大講堂
Hose f ズボン
Hotel n ホテル
Hunger m 空腹

I

immer いつも
interessieren (sich) 興味がある
Italienisch n イタリア語

J

Jacke f 上着
Jahr n 年
Januar m 1月
Japan n 日本
Japaner m 日本人
Japanisch n 日本語
jeder あらゆる〜
jetzt 今
Juli m 7月
jung 若い
Juni m 6月

K

Kaffee m コーヒー
Kalb n 子牛
kalt 寒い、冷たい
Käsekuchen m チーズケーキ
kaufen 買う
Kaufhaus n デパート
Kind n 子ども
Kindergarten m 幼稚園
Kino n 映画館
Kirche f 教会
Kirsche f サクランボ

klar 明らかな
Klasse f クラス
Klavier n ピアノ
klein 小さい
Klimaanlage f エアコン
Kneipe f 飲み屋
Koch m 調理師
kochen 料理する
kommen 来る
Kommentar m コメント
können ～できる
Konzert n コンサート
Kopf m 頭
Korkenzieher m コルク抜き
kosten 値段である
krank 病気の
Krawatte f ネクタイ
kritisch 批判的な
Küche f 台所
Kuchen m ケーキ

L

Land n 国
lange 長い間
langsam ゆっくりとした
lecker おいしい
legen 置く、横たえる
Lehrer m 先生
leicht 軽い、易しい
leider 残念ながら
lernen 学ぶ
lesen 読む
Leser m 読者
Liebe f 愛
lieben 愛する
Lied n 歌
liegen 横になっている、～にある
Löffel m スプーン

M

machen 作る、する
Mai m 5月

malen 描く
man 人は
Mann m 男、夫
Männerchor m 男声合唱
Märchen n メルヘン
März m 3月
Mensch m 人間、人
Messer n ナイフ
Milch f ミルク
missverstehen 誤解する
mitkommen 一緒に来る
Mittwoch m 水曜日
mögen ～が好きだ
Möglichkeit f 可能性
Montag m 月曜日
morgen 明日
Morgen m 朝
müde 疲れた、眠い
Museum n 博物館
müssen ～しなければならない

N

Nähe f 近く
Name m 名前
neben ～の隣に
Neffe m 甥
nehmen もらう、注文する
nett 親切な
neu 新しい
normalerweise ふつうなら、通常は
November m 11月

O

Obst n 果物
Ökologie f エコロジー
ökologisch 環境に優しい
Oktober m 10月
Onkel m おじ
Österreich n オーストリア
Österreicher m オーストリア人

P

Paar ⓝ 組
parken 駐車する
Party ⓕ パーティー
Plan ⓜ 計画
Polizei ⓕ 警察
Post ⓕ 郵便、郵便局
Postkarte ⓕ はがき
praktisch 実践的な、実用的な
Professor ⓜ 教授
pünktlich 時間通りの
putzen きれいにする

Q

Qualität ⓕ 質
Quittung ⓕ 領収書

R

Radweg ⓜ 自転車専用道路
rauchen （タバコなどを）吸う
Raum ⓜ 部屋
regnen 雨が降る
Reise ⓕ 旅行
reisen 旅行する
reparieren 修理する
Restaurant ⓝ レストラン
Rindfleisch ⓝ 牛肉、ビーフ
Roman ⓜ 長編小説
rot 赤い
Rotwein ⓜ 赤ワイン
Rücken 背中
Rucksack ⓜ リュックサック
ruhig 静かな
Russisch ⓝ ロシア語

S

sagen 言う
Samstag ⓜ 土曜日
schade 残念な
Schauspieler ⓜ 俳優
schenken 贈る
schick 粋な、しゃれた
Schiff ⓝ 船
schlafen 寝る
schlecht 悪い
schließen 閉まる、閉める
Schnee ⓜ 雪
Schneewittchen ⓝ 白雪姫
schneien 雪が降る
schnell 速い
Schokolade ⓕ チョコレート
schön 美しい
schreiben 書く
Schuhmacher ⓜ 靴職人
Schüler ⓜ 生徒
Schülerin ⓕ 生徒
schwarz 黒い
Schweinefleisch ⓝ 豚肉
Schweiz ⓕ スイス
Schweizer ⓜ スイス人
schwer 重い、難しい
Schwester ⓕ 姉、妹
schwimmen 泳ぐ
See ⓜ 湖
See ⓕ 海
sehen 見る
sein 〜である
September ⓜ 9月
setzen 座る
singen 歌う
Socken ⓟⓛ ソックス
Sohn ⓜ 息子
Sommerferien ⓟⓛ 夏休み
Sommerhaus ⓝ 夏の別荘
sonnig 日当たりのよい
Sonntag ⓜ 日曜日
Souvenir ⓝ 土産
Spanisch ⓝ スペイン語
Spaß ⓜ 楽しさ、冗談
spät 遅い
spazieren ぶらぶら歩く
Spende ⓕ 募金
Spiegel ⓜ 鏡
Spiel ⓝ 遊び、試合

spielen 遊ぶ、演奏する
Sportwagen m スポーツカー
Sprache f 言語
sprechen 話す
Stadt f 町、街
statt ～の代わりに
stattfinden 開催される
stehen 立っている
steigen 登る、下りる
Stein m 石
stellen 立てる、立たせる
Stift m 鉛筆
stolz 誇らしげな
Strand m 浜辺、海辺
Student m 大学生
studieren （大学で）学ぶ
Stuhl m いす
suchen 探す
Supermarkt m スーパーマーケット
süß 甘い

T

Tag m 1日、昼間
Tante f おば
tanzen 踊る
Tasche f バッグ
Täter m 犯人
Tee m 茶
teuer 値段の高い
Theater n 劇場
Thema n テーマ
Tisch m テーブル
Tischtennis n 卓球
Tochter f 娘
Topf m 鍋
Tourist m 観光客
Tradition f 伝統
tragen 運ぶ
träumen 夢を見る
treffen 会う、命中させる
trinken 飲む
T-Shirt n Tシャツ

tun する
Tür f ドア

U

U-Bahn f 地下鉄
üben 練習する
über ～の上の方に
Überraschung f 驚き
Uhr f 時計
Umweltpolitik f 環境政策
Unfall m 事故、災難
ungewöhnlich 普通でない
Uni / Universität f 大学
unter ～の下の方に
Unterkunft f 宿泊所、宿泊
Urlaub m 休暇

V

Vater m 父親
verboten 禁じられた
verletzen けがをさせる
Verspätung f 遅れ
verstehen 理解する、聞き取れる
verwandt 親戚関係にある
Viertel n 4分の1
Villa f 邸宅
voll いっぱいの
Vorschlag m 提案

W

wachsen 育つ
Wasser n 水
Weg m 道順
Wein m ワイン
Weinfest n ワイン祭り
weiß 白い
Welt f 世界
werden ～になる
Werkstatt f 作業場
Wetter n 天気
wichtig 重要な
widersprechen 矛盾する

windig 風のある
wirklich 本当に
wissen 知っている
Wissenschaft f 学問
Woche f 週
Wochenende n 週末
Wohnung f 住まい
wollen 〜したい
wünschen ほしい、祈る、願う
Wurst f ソーセージ

Z

zeigen 見せる、教える、指し示す
Zeit f 時間
Zeitung 新聞
zerstören 破壊する
Zimmer n 部屋
Zimt m シナモン
Zoo m 動物園
Zug m 電車
zurückkommen 戻ってくる
zwischen 〜の間に

重要動詞活用表

		現在	過去	過分
規則変化動詞	**arbeiten** 働く	ich　arbeite du　arbeitest er　arbeitet wir　arbeiten ihr　arbeitet sie　arbeiten	arbeitete	gearbeitet
不規則変化動詞	**dürfen** ～してもよい	ich　darf du　darfst er　darf wir　dürfen ihr　dürft sie　dürfen	durfte	（助動詞で）dürfen （本動詞で）gedurft
	essen 食べる	ich　esse du　isst er　isst wir　essen ihr　esst sie　essen	aß	gegessen
	fahren （乗り物で）行く	ich　fahre du　fährst er　fährt wir　fahren ihr　fahrt sie　fahren	fuhr	gefahren
	finden 見つける （～を…だと）思う	ich　finde du　findest er　findet wir　finden ihr　findet sie　finden	fand	gefunden
	geben 与える	ich　gebe du　gibst er　gibt wir　geben ihr　gebt sie　geben	gab	gegeben

不規則変化動詞

		現在	過去	過分
gehen 行く		ich gehe du gehst er geht wir gehen ihr geht sie gehen	ging	gegangen
haben 持っている		ich habe du hast er hat wir haben ihr habt sie haben	ich hatte du hattest er hatte wir hatten ihr hattet sie hatten	gehabt
heißen 〜という名前である		ich heiße du heißt er heißt wir heißen ihr heißt sie heißen	hieß	geheißen
kommen 来る		ich komme du kommst er kommt wir kommen ihr kommt sie kommen	kam	gekommen
können 〜できる		ich kann du kannst er kann wir können ihr könnt sie können	konnte	(助動詞で) können (本動詞で) gekonnt
lesen 読む		ich lese du liest er liest wir lesen ihr lest sie lesen	las	gelesen
liegen 横になっている		ich liege du liegst er liegt wir liegen ihr liegt sie liegen	lag	gelegen

		現在	過去	過分
müssen 〜しなければならない	ich du er wir ihr sie	muss musst muss müssen müsst müssen	musste	(助動詞で) müssen (本動詞で) gemusst
nehmen 取る	ich du er wir ihr sie	nehme nimmst nimmt nehmen nehmt nehmen	nahm	genommen
schreiben 書く	ich du er wir ihr sie	schreibe schreibst schreibt schreiben schreibt schreiben	schrieb	geschrieben
sehen 見える	ich du er wir ihr sie	sehe siehst sieht sehen seht sehen	sah	gesehen
sein 〜である	ich du er wir ihr sie	bin bist ist sind seid sind	ich war du warst er war wir waren ihr wart sie waren	gewesen
sprechen 話す	ich du er wir ihr sie	spreche sprichst spricht sprechen sprecht sprechen	sprach	gesprochen
tragen 運ぶ 身につけている	ich du er wir ihr sie	trage trägst trägt tragen tragt tragen	trug	getragen

不規則変化動詞

		現在	過去	過分
	trinken 飲む	ich trinke du trinkst er trinkt wir trinken ihr trinkt sie trinken	trank	getrunken
不規則変化動詞	**verstehen** 理解する	ich verstehe du verstehst er versteht wir verstehen ihr versteht sie verstehen	verstand	verstanden
	werden 〜になる 〜される	ich werde du wirst er wird wir werden ihr werdet sie werden	ich wurde du wurdest er wurde wir wurden ihr wurdet sie wurden	（本動詞で）geworden （助動詞で）worden
	wissen 知っている	ich weiß du weißt er weiß wir wissen ihr wisst sie wissen	wusste	gewusst
	wollen 〜したい	ich will du willst er will wir wollen ihr wollt sie wollen	wollte	（助動詞で）wollen （本動詞で）gewollt
再帰動詞	**freuen (sich)** 喜ぶ 楽しみにしている	ich freue mich du freust dich er freut sich wir freuen uns ihr freut euch sie freuen sich	freute	gefreut
分離動詞	**mit|kommen** いっしょに来る	ich komme ... mit du kommst ... mit er kommt ... mit wir kommen ... mit ihr kommt ... mit sie kommen ... mit	kam ... mit	mitgekommen

さぼった日も忙しい日もチラ見するだけ
おさぼりカード

1 綴りと発音

❶ アルファベットは基本的にローマ字読み。

❷ 母音の組み合わせ（ei, eu, au, ie）に注意。

2 規則動詞

❶ 人称代名詞：**ich**私、**du**君、**er**彼、**sie**彼女、**es**それ、**wir**私たち、**ihr**君たち、**sie**彼ら・彼女ら・それら、**Sie**あなた（方）

❷ ドイツ語の動詞は人称と数に応じて語尾が変化する。
ich lerne, du lernst, er lernt, wir lernen, ihr lernt, sie lernen
活用語尾は**エストテンテン**（-e, st, -t, -en, -t, -en）。

3 sein, haben

❶ sein（〜である）
英語のbe動詞にあたる。不規則変化。形容詞を伴って状態や様子を、名詞を伴って職業などを表す。
ich bin, du bist, er/sie/es ist, wir sind, ihr seid, sie sind

❷ haben（持っている）
英語のhaveにあたる。2人称単数のdu、3人称単数で不規則変化。「空腹」や「喉の渇き」などもhabenで表す。
ich habe, du hast, er/sie/es hat
wir haben, ihr habt, sie haben

持ち歩きに便利なPDFも三修社のホームページで公開しています。
http://www.sanshusha.co.jp/

4 文の構造、疑問文・否定文

① 平叙文では動詞は2番目。

② 動詞以外の語順は比較的自由。

③ 疑問文：疑問文は「動詞→主語」の順で。

④ 否定文：否定したい語句の前にnichtを置く。

5 疑問文への答え方、疑問詞

① 決定疑問文には、**ja / nein**で答える。

② 補足疑問文
疑問詞 + 動詞 + 主語（＋目的語）？
wann「いつ？」　　**was**「何？」　**wer**「誰が？」
wie「どんなふうに？」　**wo**「どこで？」
woher「どこから？」　**wohin**「どこへ？」

6 名詞の性と数

① 名詞の性は男性der・女性die・中性dasの3つ。

② 辞書を引く時は、性と複数形もチェックしよう。

③ 名詞の性にかかわらず、複数形の定冠詞はdie。

④ 固有名詞だけでなく、一般名詞も大文字で。
　＊ただしichは小文字

7　定冠詞

名詞の性と格に応じて変化する。

	男性	その手紙	女性	そのドア	中性	その子	複数	それらの本
1	der デア	Brief ブリーフ	die ディ	Tür テューア	das ダス	Kind キント	die ディ	Bücher ビューヒャー
2	des デス	Brief**es** ブリーフェス	der デア	Tür テューア	des デス	Kind**es** キンデス	der デア	Bücher ビューヒャー
3	dem デム	Brief ブリーフ	der デア	Tür テューア	dem デム	Kind キント	den デン	Bücher**n** ビューヒャーン
4	den デン	Brief ブリーフ	die ディ	Tür テューア	das ダス	Kind キント	die ディ	Bücher ビューヒャー

＊男性・中性名詞の2格では、語尾にs（またはes）がつく
＊複数名詞の3格では、多くの場合、語尾にnがつく

8　不定冠詞

名詞の性と格に応じて変化する（複数形にはつかない）。

	男性	一部分	女性	1言語	中性	1部屋
1	ein アイン	Teil タイル	eine アイネ	Sprache シュプラーヘ	ein アイン	Zimmer ツィンマー
2	eines アイネス	Teil**s** タイルス	einer アイナー	Sprache シュプラーヘ	eines アイネス	Zimmer**s** ツィンマース
3	einem アイネム	Teil タイル	einer アイナー	Sprache シュプラーヘ	einem アイネム	Zimmer ツィンマー
4	einen アイネン	Teil タイル	eine アイネ	Sprache シュプラーヘ	ein アイン	Zimmer ツィンマー

9　定冠詞類（dieser, welcher）・所有冠詞、否定冠詞

❶ 重要な定冠詞類：**dieser**（この〜）、**welcher**（どの〜？）

❷ 所有冠詞（mein, dein…）と否定冠詞（kein）は、不定冠詞に準じた変化をする。

10 人称代名詞

1格	ich	du	er	sie	es	wir	ihr	sie	Sie
3格	mir	dir	ihm	ihr	ihm	uns	euch	ihnen	Ihnen
4格	mich	dich	ihn	sie	es	uns	euch	sie	Sie

❶ 疑問詞 wer も格変化する(wer, wem, wen)。

❷ 男性名詞は「彼」(er, ihm, ihn)、女性名詞は「彼女」(sie, ihr)、中性名詞は「それ」(es, ihm)に置き換え可能。

11 3格・4格をとる表現

❶ 「調子が〜である」は es geht +人の3格(mir, dir など)

❷ gefallen+3格「〜の気に入る」、gehören + 3格「〜のもの」

❸ finden+4格+形容詞「〜を…だと思う」

12 不規則動詞

❶ a→äの変化(fahren)　du fährst / er fährt

❷ e→iの変化(helfen)　du hilfst / er hilft

❸ e→ieの変化(sehen)　du siehst / er sieht

13 話法の助動詞①　können

❶ これまで動詞が置かれていた所(文の2番目)に話法の助動詞(人称変化)、本動詞は不定形で文末に置く。

❷ 主語が単数の場合は不規則変化する。
ich kann/du kannst/er kann

14 話法の助動詞②　müssen, dürfen, wollen

❶ しないといけない(müssen)　ich, er muss/du musst

❷ してもよい(dürfen)　　　　ich, er darf/du darfst

❸ したい(wollen)　　　　　　ich, er will/du willst

15 分離動詞と非分離動詞

❶ 分離前綴りは文の後ろへ移動。Der Zug fährt ... ab.

❷ 疑問文：動詞(fahren)＋主語…前綴り(ab)？
　　　　疑問詞＋動詞(fahren)＋主語…前綴り(ab)？

❸ 話法の助動詞を伴う文：
　　主語＋話法の助動詞…分離動詞の不定形(ab¦fahren).

16 前置詞① 場所を表す前置詞

～から aus	～へ nach	～で(に) in
～の上方(で／へ) über		～の上(で／へ) auf
～の下方(で／へ) unter		～沿い(で／へ) an
～の隣(で／へ) neben		～の前(で／へ) vor
～の後ろ(で／へ) hinter		～と～の間(に／へ) zwischen

❶ 「状態」は3格、「ある方向への動作」は4格で表す。

❷ 前置詞と定冠詞の融合：in dem→im, in das→ins

17 前置詞② 時を表す前置詞

～月に　　　im (=in+dem) +月
～曜日に　　am (=an+dem) +曜日
～時に　　　um ○ Uhr

ab(無冠詞で)「～から」　　**bei**「～の際に」
nach「～の後で」　　　　**seit**「～以来(ずっと)」
vor「～の前に」　　　　　**von ～ bis ～**「～から～まで」

18 再帰動詞と再帰代名詞

❶ 再帰代名詞は、3人称と親称2人称Sieではsich、ほかは人称代名詞と同じ形。

1格	ich	du	er/sie/es	wir	ihr	sie	Sie
3格	mir	dir	sich	uns	euch	sich	sich
4格	mich	dich	sich	uns	euch	sich	sich

(参考：人称代名詞の変化)
| 3格 | | | ihm ihr ihm | | | ihnen | Ihnen |
| 4格 | | | ihn sie es | | | sie | Sie |

❷ 前置詞と結びついて使われる再帰動詞
　　sich erinnern an＋4格(～を覚えている)、
　　sich interessieren für＋4格(～に興味がある)など。

19 命令形と勧誘の表現

❶ 命令形は3種類。相手(du, ihr, Sie)により変わる。

❷ duに対し「ゆっくり話して！」：Sprich langsam!
　ihrに対し：Sprecht langsam!
　Sieに対し：Sprechen Sie langsam!

❸ seinの命令形
　(duに) **sei**, (ihrに) **seid**, (Sieに) **seien Sie**

20 形容詞

❶ 名詞にかかる形容詞は語尾が変化する。

❷ 語尾変化のカギは鍵（鍵の形の中では語尾が-en）

定冠詞(類)＋形容詞＋名詞

	男性	女性	中性	複数
1格	**-e**	**-e**	**-e**	-en
2格	-en	-en	-en	-en
3格	-en	-en	-en	-en
4格	-en	**-e**	**-e**	-en

不定冠詞(類)＋形容詞＋名詞

	男性	女性	中性	複数
1格	**-er**	**-e**	**-es**	-en
2格	-en	-en	-en	-en
3格	-en	-en	-en	-en
4格	-en	**-e**	**-es**	-en

21 比較級と最上級

❶ 比較級は-er、最上級は-stを形容詞の後につける。

❷ 「…よりも〜だ」　比較級 ＋ als …
　「もっとも〜だ」　am 最上級 ＋ en

❸ 比較級・最上級が名詞にかかるときは形容詞の変化語尾を加える。

22 数字・時刻の表現

❶ 21以上の数字：**1の位＋und＋10の位**

❷ 100以上の数字：**100の位＋1の位＋und＋10の位**

❸ 「○時△分です」**Es ist ○○ Uhr △△.**

❹ 「…分過ぎ」には **nach** を、「…分前」には **vor** を用いる。

❺ 「15分」には **Viertel**、「半」には **halb** を使う。

23 副文

❶ 従属接続詞には、dass, obwohl, weil, ob などがある。

❷ 副文では動詞（助動詞を含む場合は助動詞）を後置する。

❸ wo, wann, was などの疑問詞を用いて間接疑問文を作ることができる。

24 zu不定詞

❶ zu不定詞（zu＋動詞の不定形）で、「〜すること」を表す。

❷ 分離動詞のzu不定詞は、分離前綴り＋zu＋動詞部分を1語で書く。
aufzustehen（起きること）

❸ zu不定詞句が主語の場合、形式主語esから始めることもできる。

25 esの用法

❶ 気象表現は、es regnet（雨が降る）, es schneit（雪が降る）などの成句で覚える。

❷ esを用いたさまざまな熟語表現
es geht＋3格（〜の調子が…だ）、es gibt＋4格（〜がある）など。

26 haben を伴う現在完了

❶ 過去の出来事は、基本的に現在完了で表現する（特に会話）。

❷ habenの人称変化＋過去分詞で表す。

❸ 過去分詞は、動詞の前にgeを加え、語尾のenをtに変えて作る。
→ **ge---t**

27 sein を伴う現在完了

❶ 発着・往来・状態の変化を表す完了の助動詞はsein。

❷ 不規則動詞が多いので、過去分詞形に注意。
fahren→gefahren、kommen→gekommen、gehen→gegangenなど。

28 過去形

❶ 動詞の不定形の語尾 -en を **-te** にしたものが過去基本形。

❷ 過去基本形は人称変化する。

❸ sein、haben、話法の助動詞の過去形は会話でもよく使われる。

29 受動態

❶ 受動態は werden (人称変化) ＋過去分詞。

❷ 過去の受動態は wurde (人称変化) ＋過去分詞。

❸ 行為者を表すときは von＋3格(人)または durch＋4格(災害など)。

30 関係代名詞

❶ 関係文中での先行詞の性・数・格に応じて変化する。

❷ ただし、一部(2格と複数3格)を除き定冠詞の変化と同じ。

❸ 関係文はコンマで区切り、副文にする(定動詞を後置)。

著者プロフィール

辻　朋季(つじ・ともき)

慶應義塾大学文学部卒、筑波大学人文社会科学研究科博士後期課程修了、博士(文学)。在フランクフルト日本総領事館に2年間勤務、ベルリン自由大学に計3年間留学するなど、ドイツ滞在経験が豊富。2013年より明治大学農学部専任講師。
ドイツ語学習で苦しんだ経験をもとに、外国語が苦手な学習者の視点に立った授業を心がけている。ドイツ語学院ハイデルベルクや国際農業者交流協会等でも講師として活躍中。

だいたいで楽しいドイツ語入門　使える文法

2014年5月30日　第1刷発行
2020年6月30日　第6刷発行

著　者	辻　朋季
発行者	前田俊秀
発行所	株式会社 三修社
	〒150-0001　東京都渋谷区神宮前2-2-22
	TEL03-3405-4511　FAX03-3405-4522
	https://www.sanshusha.co.jp
	振替00190-9-72758
	編集担当　伊吹 和真
印刷所	萩原印刷株式会社
製本所	株式会社松岳社
CD製作	株式会社メディアスタイリスト

©Tomoki Tsuji 2014 Printed in Japan
ISBN978-4-384-04594-9 C1084

[JCOPY]〈出版者著作権管理機構 委託出版物〉
本書の無断複製は著作権法上での例外を除き禁じられています。複製される場合は、そのつど事前に、出版者著作権管理機構(電話 03-5244-5088 FAX 03-5244-5089 e-mail: info@jcopy.or.jp)の許諾を得てください。

イラスト：七海らっこ
本文デザイン：スペースワイ
カバーデザイン：白畠かおり